쉽게 읽는
젠더이야기

쉽게 읽는 젠더 이야기

조현준 지음

이분법을 넘어 ——— 젠더 감수성 기르기

행성B

2017년 1월 백혈병으로 세상을 떠난
친구 구번일을 추모하며

차례

책을 내며

다시 젠더의 시대입니다.《페미니즘 리부트》,《메갈리 아의 반란》,《소녀, 설치고 말하고 생각하라》등 여성과 젠 더에 관한 논의가 넘쳐 납니다. 묵묵히 뒤편에 서 있던 여 성들이 모두 튀어나와 목소리를 높여 여성 문제를 논의하 고 공론화합니다. 사람은 다 같고 남성과 여성은 똑같은 인간이니, 인간됨의 공통된 가치를 추구하면 그만입니다. 그런데 왜 자유와 평등의 보편 인권 논의를 성적 특수성 과 젠더 특성 논의로 바꾼 걸까요? 조용하던 공론의 장이 왜 갑자기 떠들썩해진 것일까요?

　페미니즘은 여성의 권리를 보호하고 남녀평등 혹은 젠더 평등을 주장하는 모든 이론적 담론과 실천 활동을 총칭합니다. 여성가족부가 생기고 나서 남녀는 평등하며, 심지어 남성이 역차별을 받는다는 주장이 등장하기도 했습니다. 이처럼 성 평등 문제가 다 해결되었거나 진행형으로 해결되고 있다고 생각하는 사회 분위기 속에서 여성들이 한꺼번에 들고일어났습니다. 고요하던 해수면에 격랑이 일어 바위에 부딪혔습니다. 사회 문제로 번지고 인터넷에서 논쟁을 벌이더니 급기야 이성 간에 혐오와 경멸의 문제로, 강간 및 폭력 상해 문제로 더욱 심각하게 번져 나가는 것입니다. 왜 머리로 배운 것과 몸으로 체감하는 것은 여전히 다르게 느껴지는 것일까요?

　2016년 5월 강남역 살인 사건의 사회적 충격과 같은 해 10월에 발간된 소설 《82년생 김지영》의 인기는 여성 문제에 대한 대중적 관심을 촉발한 계기가 되었습니다. 최근 인터넷을 중심으로 활동하는 '넷 페미니즘*'은 미러링이라는 과격한 언어 전략부터 낙태 불법화 반대 투쟁이라는 정치 운동에 이르기까지 다양한 활동 양상을 보이고 있습니다. 소설 속의 80년대생 김지영뿐 아니라 90년대생 페미니스트들은 인터넷을 매개로 다양한 공론의 장을 뜨겁게 달구고 있습니다.

90년대생 여성들은 남녀평등이 완성된 시대에 태어나 자랐다고 자부해 왔습니다. 그런데 대학을 졸업하고 나서 보니, 취업하고 결혼하고 아이를 낳고 싶다는 소망과 취업도 결혼도 출산도 어려운 현실 사이의 벽에 당황하게 됩니다. 엄마 세대와는 다른 삶을 꿈꿨지만 현실은 크게 달라진 것이 없어 보입니다. 취업과 결혼을 병행하기란 매우 어렵고 육아의 책임이 대개 여성의 몫이라는 것을 고려한다

● 국내 페미니즘에는 1980년대 학계 중심 강단 페미니즘, 1990년대 대학가 중심 학생회 페미니즘, 2010년대 인터넷을 기반으로 한 넷 페미니즘이 있습니다. 이들은 올드 페미니즘, 영 페미니즘, 영영 페미니즘으로 불리기도 합니다. 여성가족부가 생긴 이후로 양성 평등이 성취되었다는 인식이 확산되면서 대학 내 여성학과나 여성학 협동과정은 사라지기 시작했고, 여성 문제는 집단적 운동보다는 개별 능력이나 개인 섹슈얼리티 문제로 전환되는 것 같았습니다. 그러다가 2010년대 중반부터 메갈리아, 페미디아, 페미당당, 워마드 등이 소셜 네트워크를 중심으로 다양하게 리부트되고 이슈화되었습니다.

면, 타협책은 육아와 병행이 가능한 직업을 구하는 것입니다. 그렇지 못한 경우에는 출산 후 직장을 포기하거나, 그마저 여의치 않으면 출산이나 결혼을 포기할 생각을 하게 됩니다. 슈퍼우먼은 미디어의 환상에 불과하다는 것을 알게 되지요.

사정이 이런데 2000년대의 사회가 완전한 성 평등을 성취했고, 그래서 페미니즘은 불필요한 시대착오적 유물이 되었다 할 수 있을까요? 몸에 대한 자기결정권인 낙태는 여전히 범죄이며, 안티페미협회가 여성계 규탄시위를 하는 동안에 '나는 페미니스트다'라고 선언하는 것은 사회적 모험입니다. 페미니스트는 아니지만 성차별 문제에 관심이 있다고 간신히 자신을 변호해도 권리만 챙기고 의무는 다하지 않는 이기적 인간이라는 비난을 받기 일쑤입니다. 이제는 여성의 권익에 대한 논의만 펼쳐도 극단주의자라는 꼬리표가 달린 '메갈' 의혹을 받기도 합니다.

우리는 2018년의 가을에 와 있습니다. 드라마 〈응답하라〉 시리즈의 배경이기도 했던 1980~1990년대보다 물질적으로는 풍요롭지만 경제 성장과 일자리 창출이 둔화되어 미래가 그리 밝지 않은 시대를 살고 있습니다. 지금은 남녀 모두에게 연애, 결혼, 출산이 어렵고 모든 것이 시각화되어 비교당하는 과다 노출과 과잉 경쟁의 시대입니다. 시대가 복잡해지고 우리 모두는 감당하기 힘든 속도전에 휘말려 들었습니다. 시간을 쪼개 몸이 부서져라 일을 해도 미래는 불투명하고 불안과 공포는 커져만 갑니다.

지금이 혐오의 시대라면 이런 증오와 혐오는, 노출과 경쟁이라는 사회적 불안과 불투명한 미래라는 시대적 공포가 변질되어 나타난 결과가 아닐까요? 내부의 불안과 공포가 타인에 대한 증오와 혐오로 전환될 때 어떤 일이 벌어지는지 오늘날 사회 문제를 보면 알 수 있을 듯합니다. 증오와 혐오보다는 숙고와 대화가 시급한 시점입니다. 젠더 문제만이 아닙니다. 인종, 민족, 국가, 계급, 빈부, 나이, 직업, 취향이라는 격차도 이해하려는 노력이 필요합니다. 이 책은 그런 노력을 위한 첫걸음이 될 것입니다.

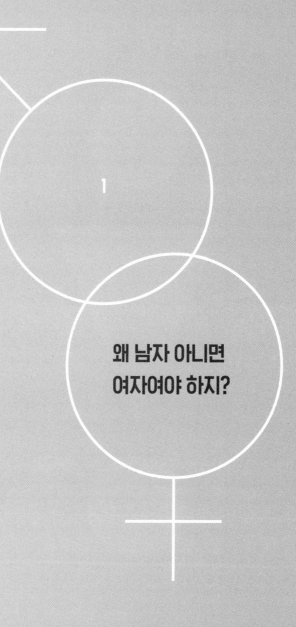

1

왜 남자 아니면
여자여야 하지?

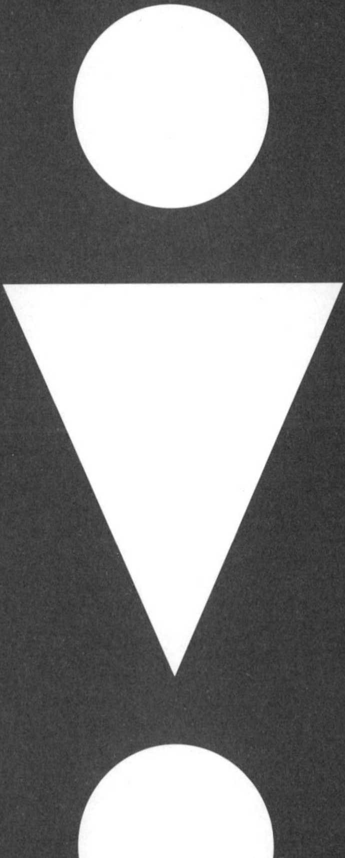

1

권투하는 여자,
발레하는 남자

　권투를 잠깐 배운 적이 있습니다. 사실 저는 은근히 운동광이라 3개월 단위로 종목을 바꿔 가며 여러 가지 운동을 배워 왔습니다. 그리고 늘 운동 두세 가지는 병행하는 편입니다. 말하고 보니 엄청난 것 같은데 실은 간단합니다. 주중에 요가나 필라테스를 두 번 하면 주말에는 수영을 하거나 자전거를 타거나 혹은 하이킹을 갑니다. 그간 배우거나 해 왔던 운동에 뭐가 있을까요? 밸리 댄스, 재즈 댄스, 라인 댄스, 스쿼시, 배드민턴, 수영, 자전거, 탁구,

골프, 요가, 필라테스, 요가라테스, 하이킹, 조깅, 마라톤, 권투 등등입니다. 아무튼 공을 치고 놀거나 야외에서 움직이는 활동을 대체로 좋아하는 것 같습니다. 특히 머릿속이 복잡할 때 운동을 하면 아무 생각이 들지 않아서 좋습니다.

일간지 문화 면을 보고 한눈에 매혹당해서 시작한 밸리 댄스부터 사각링의 마력에 끌린 권투에 이르기까지 저의 운동사는 나름 여러 과정을 거쳤습니다. 그중에서 사람들이 유독 특이하게 생각하고 주목했던 때는 권투를 배울 때였습니다. 다른 운동은 "와, 대단하시네요", "멋져요" 같은 일반적인 호응이 대다수였는데, 유독 권투를 배울 때는 "뭐 스트레스 받는 일 있어요?", "누구 때려 주고 싶은 사람 있나 봐", "공격성 컨트롤이 안 되나 보네요" 혹은 "여자가 굳이 타격 운동은 배워서 뭐하게", "저도 해 봤는데 여자가 하기에는 장난 아니죠" 등의 반응이 있었습니다.

처음 권투를 배우려고 체육관에 등록하러 간 날, 코치는 제게 "가볍게 하실래요, 제대로 하실래요?"라고 물었습니다. "권투는 왕초보니 가볍게 할게요"라고 했더니, 회원카드 비고란에 '다이어트'라고 적었습니다. 살 빠져서 나쁠 거야 없다고 생각했습니다. 단지 새로운 운동으로 경험을 넓혀 보려고 자동차 와이퍼에 꽂힌 광고 전단지를 들고 찾아간 건데, 왜 권투를 배운다고 하면 한마디씩 들어야 하는지, 또 여성이 운동을 한다면 왜 일단은 다이어트가 목적이라고 생각하는지 약간 의아했지만 그냥 그런가 보다 했죠.

왜 하필 권투냐는 주변 사람들의 질문에 주절주절 변명하듯 나를 설명하는 것도 슬슬 지치고, 반복된 기초 체력 단련과 풋 워크도 힘들고 지루해서 결국 권투를 오래 배우지는 못했습니다. 요가를 한다거나 재즈 댄스를 배운다고 말하면 사람들이 멋있다고 경탄했지만, 권투를 한다고 하면 불만이나 스트레스가 많은 사람으로 보는 것 같았습니다. 사실 다른 회원들이 사각링 위에서 벌이는 스파링을 보면 멋졌지만 내가 한다고 생각하면 좀 무서웠습니다.

여자들이 운동하는 이유는
다이어트 때문일 거라는 편견

권투 코치 선생님은 샌드백 치기나 스파링보다는 기초 체력이 중요하다며 스쿼트, 마운틴 클라이밍, 런지, 아령, 줄넘기를 많이 시켰습니다. 정작 스트레이트, 어퍼컷, 라이트, 레프트 등 새로운 훅과 스텝을 배우는 것은 더디게 진행되었습니다. "회원님은 생각보다 체중이 빨리 안 빠지시네요."라는 코멘트도 한 번 들었습니다. 저는 BMI 지수가 정상 체중권이었고, 권투를 배우는 주된 목적이 다이어트가 아니었으니까 계속 잘 먹고 열심히 운동했습니다. 3분이라는 시간의 중요성이 매력적으로 느껴졌고, 사각링은 두렵긴 해도 마력이 강했습니다. 특히 샌드백 치기와 링 위에 올라가서 하는 미트 타격이 가장 재미있었습니다.

하지만 권투를 배우는 3개월 동안 링에는 딱 한 번 올라가 봤고 미트 타격은 열 손가락으로 꼽을 정도로만 했고, 스파링은 전혀 해 보지 못했습니다. 비슷한 시기에 등록한 남자 회원은 제가 기초 풋워크 체련을 할 때 링 위에서 미트 타격을 연습하고 있었고, 제가 그만둘 때쯤에는 스파링을 하고 있었습니다.

그러다 권투는 저한테 맞지 않는 운동이라는 생각이 들었습니다. 댄스나 구기 종목과 달리 권투는 잘 늘지 않아서였을까요? 여자에겐 댄스가 어울리고 타격은 남자들에게나 어울린다는 생각과 함께 영화 〈빌리 엘리어트〉가 떠올랐습니다. 권투 대신 발레를 선택한 빌리가 힘들게 가족의 반대를 이겨 냈던 장면 말입니다. 발레하는 빌리도 권투하는 나처럼 편하지는 않았겠다 싶더군요. 주변인과 코치의 태도보다 훨씬 더 크게, 영화 속 빌리는 가족의 마음을 아프게 하고 가족의 몫을 일부 희생하고서야 자신의 꿈에 다가갔습니다. 발레에 대한 열정이 매우 강했던지라 역경을 이기고 유명한 발레리노가 되었습니다. 저는, 열정이 약한 탓에 3개월 만에 권투를 그만두었지요. 저의 불편한 마음이나 빌리가 겪었던 고충은 어디에서 온 것일까요?

2

왜 남자 아니면
여자여야 하지?

우리는 태어날 때 여자나 남자로 태어납니다. 두 성의 기준에 애매하게 들지 않는 인터섹스[*]를 제외하면 대부분 생물학적 성은 태어날 때 결정됩니다. 생식 기관의 모양새라는 해부학적 차이에 근거한 성을 섹스 sex라고 한다면, 성장하면서 우리가 어떤 성과 동일시하는가 하는 문화적 성 혹은 사회적 성은 젠더 gender라고 할 수 있습니다. 쉽게 말해 어떤 성기를 가졌느냐가 섹스, 내가 나를 어떤 성별로 느끼느냐가 젠더인 셈입니다.

우리가 사는 현대 세계에서 자신을 남자라고 생각하는 남자와 자신을 여자라고 생각하는 여자는 아무 문제 없이 살아갑니다. 하지만 자신을 남자라고 생각하는 여자와 자신을 여자라고 생각하는 남자는 문제를 겪기 마련입니다. 다시 말해 남자가 남성성을 추구하고 여자가 여성성을 모색하는 '시스젠더cisgender**'는 평범하게 정상인으로 살 수 있습니다. 그러나 여자가 남성성을, 남자가 여성성과 동일시하는 '크로스젠더crossgender'는 가족과 사회

● 인터섹스는 간성이라고 번역되기도 합니다. 탄생 시점을 기준으로 성기 크기가 1센티미터~2.5센티미터 사이라서 남성도 여성도 아닌 두 성 사이의 성이라는 의미에서 인터섹스라고 말합니다. 의사의 권유로 대부분 인터섹스 유아는 성 교정 수술을 받는데, 본인의 의사가 반영되지 않는 이런 강제적 성 교정 수술에 반대하는 운동도 있습니다. 다시 말해 인터섹스는 전형적 남성 성기나 여성 성기가 혼합된 모양의 성기를 타고나는 사람입니다. 성염색체는 XX인데 질, 자궁, 난소가 없는 경우도 있습니다. 수잔 스트라이커는 인간 생식기 구조의 전형적 조직화에 어긋나는 모든 변형을 인터섹스라 부릅니다. 《트랜스젠더의 역사》, 수잔 스트라이커, 제이·루인 역, 이매진, 2016, 29쪽.

●● 시스 젠더는 비-트랜스젠더라고도 불립니다. 시스는 트랜스의 반대 말로 같은 쪽을 의미합니다. 같은 맥락에서 시스 섹슈얼은 비-트랜스섹슈얼이라고도 불립니다. 《트랜스젠더의 역사》, 수잔 스트라이커, 제이·루인 역, 이매진, 2016, 49쪽.

속에서 트러블을 일으키기 마련입니다. 다시 생각해 보니 나와 빌리의 문제는, 여자가 남성성이나 남성적 문화를, 남자가 여성성이나 여성적 문화를 추구해서 겪는 트러블이었습니다.

그렇다면 운동이나 취미에도 남성적이거나 여성적인 것이 있는 것이 됩니다. 즉 권투는 남성성의 영역, 발레는 여성성의 영역에 있습니다. 그럼 남성성과 여성성의 영역에 있는 특성이나 기질은 대체 어떤 것일까요? 남성성 하면 주로 강한 힘, 강인한 체력, 전쟁과 과시, 지도자, 가장, 용맹, 거대한 몸집, 장군이나 황제 등이 떠오릅니다. 상대적으로 여성성 영역에는 유연한 부드러움, 나긋한 목소리, 현명한 지혜, 중재와 평화, 조력자, 지원자, 자상, 날씬한 몸매, 요조숙녀나 황후가 연상됩니다. 전체적으로 남성성은 나의 힘과 영역을 중시해서 폭력을 불사하더라도 자신의 권위와 세계를 넓히는 데 관심이 있는 반면, 여성성은 내 힘과 영역보다는 상호 간 평화를 도모하면서 우리의 관계와 소통을 강화하려 합니다.

쉽게 말해 남자들은 대놓고 힘자랑하며 자기가 원하

는 것을 거침없이 가지려 들어도 이해되지만, 여자들에게는 공동체의 도덕을 준수하고 관계를 중시하며 시각적으로 아름다워 보이는 것이 요구됩니다. 인간의 생존 욕망이 자기 보존의 이기심과 종족 보존을 위한 성적 욕망이라면, 남자는 그 욕망을 직설적으로 드러내 표현하고, 여자는 도덕이나 미학으로 정당화하거나 승화해서 에둘러 표현한다는 것입니다.

스포츠 영역도 마찬가지입니다. 태권도, 유도, 합기도, 권투 같은 타격 운동은 공격과 방어를 중심으로 한 호신용 남성 스포츠지만 댄스, 요가, 필라테스, 발레는 아름다움과 선을 중시하는 심미적 여성 스포츠에 해당합니다. 그러니 권투하는 여자와 발레하는 남자는 규범적 젠더를 넘어선 크로스 젠더의 영역에 접해 있습니다. 그것이 불편함과 어색함을 야기하는 트러블이 될 수 있습니다.

"아무것도 변하지 않을 거예요. 모두가 저를 예전처럼 똑같이 바라볼 거고요.
오늘날, 이 이야기를 하는 것은 저에게 굉장히 중요한 일이랍니다."
자신이 간성으로 태어났다는 사실을 고백한 톱모델,
한느 개비 오딜 Hanne Gaby Odiele.

여자가 여자를 사랑할 때,
남자가 남자를 사랑할 때

이런 젠더상의 트러블은 자연스럽게 성적 욕망, 즉 섹슈얼리티의 국면으로도 연결됩니다. 섹슈얼리티란 우리가 누구에게 성적 욕망을 느끼는가의 문제와 관련되어 있습니다. 여자가 남자를 혹은 남자가 여자를 욕망하는 것은 이성 간의 사랑이라서 '이성애heterosexuality'라 부르고, 여자가 여자를 혹은 남자가 남자를 사랑하는 것은 동성 간 사랑이라서 '동성애homosexuality'라고 부릅니다. 우리 사회는 남녀 간 사랑이 자연스러운 것으로 받아들여지는 이성애 중심 사회라고 할 수 있습니다.

그런데 섹슈얼리티의 영역에서도 트러블은 계속됩니다. 남성스러운 여자가 여성스러운 여자를 좋아하면 그것은 이성애인가요, 동성애인가요? 생물학적으로는 동성애지만 정신적으로는 이성애라고도 할 수 있습니다. 예를 들어 미국 드라마 〈센스 8〉에는 트랜스젠더transgender 레즈비언인 노미가 등장합니다. 여성으로 성전환한 트랜스젠더,

즉 마이클에서 노미가 된 MTF Male to Female *가 레즈비언 아마니타를 사랑한다면 그것은 동성애일까요, 이성애일까요? 타고난 염색체로 보면 이성애지만 재배치된 성으로 보면 동성애일 것입니다. 그런데 남성성이 강한 여자가 여성스러운 여자를 좋아했는데 만일 그 여성스러운 여자가 드랙이나 트랜스젠더, 아니 더 나아가 트랜스섹슈얼이라면 이때의 섹슈얼리티는 무엇이라고 봐야 할까요? 옷 바꿔 입기를 즐기는 드랙이나 성 정체성이 불안한 트랜스젠더라면 이성애이고, 외과적 수술까지 마친 트랜스섹슈얼이라면 동성애라고 단정할 수 있을까요? 우리가 남성과 여성을 가르는 기준, 이성애와 동성애를 구분하는 기준은 과연 어디에 있을까요?

● 남성에서 여성으로 성전환을 한 사람을 MTF Male to Female 트랜스젠더라고 부릅니다. 지정성별이 남성이었던 이들이 '여성의 신체'로 이행한다는 것이지요. 반대로, '여성에서 남성으로' 성전환하는 이들은 FTM Female to Male 트랜스젠더라고 부릅니다.

트랜스와 크로스:
옷, 마음, 몸

일반적인 남녀 이분법에 들어가지 않는 사람을 트랜스, 혹은 광의의 트랜스젠더라고 합니다. 트랜스(젠더)에는 크게 세 종류가 있습니다. 심리적으로는 자신의 성과 동일시하지만 이따금씩 이성의 복장을 하는 데서 큰 만족과 의미를 발견하는 경우엔 '트랜스베스타잇transvestite', 혹은 '크로스드레서cross dresser'라고 합니다. 여자가 남장을 하거나 남자가 여장을 하는 경우를 말합니다. 애니메이션 〈뮬란〉의 여주인공 뮬란이나 드랙 퀸drag queen(여장 남자), 드랙 킹drag King(남장 여자)이 여기에 해당됩니다.

한편 복장뿐 아니라 심리적으로도 자신의 타고난 육체적인 성과 정신적인 성이 다르다고 생각하는 사람도 있습니다. 이들은 협의의 '트랜스젠더'라고 불립니다. 예컨대 영화 〈소년은 울지 않는다〉에서 티나 브랜든은 자신을 남자라고 생각해 자기 이름을 브랜든이라고 말하고 다닙니다. 브랜든처럼 자신의 성에 만족하지 못하고 다른 성과 동일시하는 현상을 '성 교차적 동일시'라고 합니다. 이런 동일시는 크로스드레서보다 더 지속적이고 일관된 편이라 할 수 있습니다.

마지막으로 '트랜스섹슈얼transsexual'이 있습니다. 이들은 심리적인 동일시로 만족하지 않고, 비용도 비싸고 위험 부담도 있는 외과적 수술을 통해 실제로 몸의 구조까지 변화시킨 사람들입니다. 영화 〈대니쉬 걸〉의 에이나르 베게너는 실존 인물로서 세계 최초로 자신의 몸을 정신적인 성과 일치하도록 바꿨습니다. 그는 수술을 통해 남자에서 여자가 되었습니다.

이처럼 젠더가 트랜스의 영역에 펼쳐지면 섹슈얼리티 문제는 더욱 복잡해집니다. 트랜스 남성이 스트레이트(이성애자) 여성을 사랑하는 경우에 이것을 이성애라고 봐야 할지 동성애라고 봐야 할지 언뜻 판단하기가 어렵습니다. 실제로 2017년 7월 캐나다에 사는 코리 도티는 자신의 신생아의 젠더를 미정Unknown으로 신고해 건강보험카드를 받았습니다. 젠더가 미정이라면 섹슈얼리티도 당연히 미정일 수밖에 없습니다. 지금의 이성애와 동성애라는 분류법은 섹스와 젠더가 분명하게 이분법으로 나뉜다는 가정에 근거합니다. 따라서 생물학적 성도 문화적인 성도 불확실하고 불분명한 구성 과정 중의 어떤 것이라면 섹슈얼리티도 확정할 수가 없습니다.

저는 생물학적으로 여자인데 취미로 권투를 배우는 과정에서 가볍지만 반복적인 오해를 겪었습니다. 21세기 대한민국에서 여자가 권투를 한다는 것은 20세기 영국에서 남자가 발레를 하는 것만큼 독특한 취향일까요? 고작 취미로 권투를 시작한 게 이 정도인데, 아마 직업으로 권투를 하겠다고 했다면 부모 형제는 물론 친구들까지 도시락을 싸 들고 다니며 말렸을 것 같습니다. 널리 알려진 여배우가 자신이 어떤 분야를 선점해 특정 이미지를 홍보하려는 전략으로 권투를 활용하는 것과는 다른 문제입니다.

젠더 이분법에서
벗어나기

이 책은 이처럼 타고난 몸 차이에 따른 섹스의 문제를 생각해 보고, 또 문화적으로 구성된 젠더 이분법을 허물고, 더 나아가 이성애와 동성애라는 이원적 섹슈얼리티 경계를 허물어 보고자 기획되었습니다. 섹스/젠더/섹슈얼리티가 언제나 여자와 남자, 여성성과 남성성, 동성애와 이성애처럼 딱 둘이라는 사고는 이분법에 기초한 것이기 때문입니다. 많은 경우에 이런 이분법은 위계적인 권력 구도로 변하기 쉽습니다.

또한 이 책은 이론에만 그치는 것이 아니라 역사, 소설, 영화 속에서 나타난 젠더와 섹슈얼리티의 다양한 양상도 구체적으로 보여 주려고 합니다. 역사 속의 데이비드 라이머, 티나 브랜든, 에르퀼린 바르뱅은 각각 의료 실수로, 심리적 원인으로, 육체적 원인으로 이분법적 젠더 질서에서 벗어났던 인물입니다. 그 때문에 이들은 정상적이거나 규범적인 성을 가진 사람들은 겪지 않았을 일들을 겪어야만 했습니다. 그들이 겪은 일은 개인의 선택이나 소망에 의한 것이 아니라 제도 의료 담론, 경찰과 사법 권력, 교회 권력과 과학 담론의 이름으로 행해진 이분법의 결과였지요. 그리고 그 결과는 그리 행복하지 않았습니다. 제도나 담론의 이분법과 이원론보다 개인 각각의 욕망과 목소리에 귀 기울였다면 결과는 달라졌을 것입니다.

영화 〈빌리 엘리어트〉, 〈대니쉬 걸〉, 〈캐롤〉의 주인공들은 모두 젠더 규범의 폭력에 이의를 제기하고 자신만의 젠더 정체성이나 다른 욕망을 추구하는 데 집중한 인물입니다. 빌리와 에이나르와 캐롤은 해결안을 모색해 추진하고, 여기에는 대가가 따릅니다. 빌리의 아버지는 노조를 배신했고, 아내의 유품으로 아들의 오디션 비용을 마련합니다. 그리고 마침내 빌리는 세계적으로 유명한 극단의 수석 발레리노가 됩니다. 에이나르는 아내 게르다의 지원을 받으면서 자기가 원하는 몸을 만들고자 노력하다 목숨을 잃습니다. 캐롤은 어쩔 수 없이 친권은 포기해도 자신의 사랑을 전면 부정하는 것만은 거부합니다.

역사와 영화 속의 인물들은 모두 젠더와 섹슈얼리티

면에서 비규범적 선택을 한 사람들입니다. 이 말은 모두가 똑같은 기준으로 획일화된 사회에 순응하지 않고, 차이를 숨기지 않고 드러냈을 뿐만 아니라, 어떤 경우에는 적극적으로 자신만의 차이를 추구했다는 뜻이기도 합니다. 그런데 우리는 차이를 어떻게 대면해야 할까요? 통상적으로 차이는 차별을, 차별은 억압을, 억압은 폭력을 낳는다고 합니다. 다름이 틀림이 아닐 방법, 즉 차이가 폭력이 아닐 방법이 과연 있을까요? 나와 다른 것을 마주할 때, 우리는 진심으로 그것이 단지 개인이 취향에 불과하고 서로 다를 뿐이지 틀린 것은 아니라고 여길 수 있을까요?

독일의 철학자 한나 아렌트는 우리가 누구와 아파트를 공유할지는 결정할 수 있어도 이 지구상에서 누구와 함께 살지는 결정할 수 없다고 말했습니다. 전 지구적 관점에서 누구와 함께 살지를 선택하게 되면 그것은 필연적으로 종족이나 인종 학살로 귀결될 것이고, 제2차 세계대전 당시의 홀로코스트 같은 비극을 낳게 됩니다. 우리는 먹고, 자고, 걷고, 뛰는 몸의 존재입니다. 그래서 배고프고, 목마르고, 피곤하고, 다치고, 상처받으며 늙어 가는 미약한 존재입니다. 상처나 노화에 취약한 사람들은 서로 의존하며 살 수밖에 없습니다. 그런데 어떤 선택받은 사람이 있어 상대적으로 선택받지 못한 사람이 있다고 생각하면, 그런 선민과 비선민의 구분에서 위계가 생기고, 그런 위계가 생기면 동등한 의존과 지원의 가능성이 없어집니다.

젠더와 섹슈얼리티도 마찬가지입니다. 남자다운 남자, 여자다운 여자만 인정받고 성공하는 세상은 사실상 남자다운 여자, 여자다운 남자를 억압하고 배제하는, 보이지 않는 구조적 배경을 그 기반으로 하고 있습니다. 더 나아가 여자다운 남자가 남자다운 남자를 사랑하는 것은 사회적 금기일 뿐만 아니라 이 세상에 존재하지 않는 사람처럼 인간으로서의 인식 가능성마저 박탈당할 수 있습니다. 동성 간 결혼이 제도적으로 불가능해 동성 파트너의 재산, 친권, 시신 등을 양도받을 수 없다는 것은 평생을 함께 배우자로 동고동락해도 '보이지 않는 사람'으로 간주할 수 있음을 보여 줍니다.

젠더와 섹슈얼리티의 문제는 단순히 나와 다른 별종들의 독특한 취향과 관련된 특이하고 예외적인 이야기가 아닙니다. 그것은 인간을 인간으로 인식하게 하는 인식 가능성 혹은 인정하게 하는 인정 가능성의 문제입니다. 누군가의 삶은 삶으로 받아들여지고 또 다른 누군가의 삶은 삶으로 인정되지 않는다면, 인간과 인간 아닌 것의 경계를 설정하는 것이 무엇인지 성찰하지 않을 수 없습니다. '인간'과 '덜 된 인간'의 경계를 심문하기 위한 경계 위의 사유, 혹은 경계를 넘나드는 사유가 비평성이나 비평 의식을 가능하게 합니다. 그리고 이런 비평성이 미래에 새로운 변화를 가져올 수 있습니다.

남성적인 것이 표준이고 여성적인 것이 약간 못 미치는 것이라는 위계 의식, 이성애가 정상이고 소수성애는 비정상이라는 위계 의식을 허물 필요가 있습니다. 또 여자와 남자, 동성애와 이성애는 확실히 구분된다는 이원론을 해체한다면 사람들이 여러 가지 다른 차이가 있더라도 인간이라는 보편 토대 위에 인간답게 살 가능성이 커집니다. 그래서 젠더와 섹슈얼리티의 문제는 크게 보면 '살기 좋은 삶' 혹은 '살 수 있는 삶'의 문제로 직결됩니다.

2

젠더와 퀴어는
무엇일까?

인트로

그럼 이제 젠더 이론이 어떻게 시작되어 어떤 단계를 거쳐 오늘날에 이르렀는지를 알아볼까요? 젠더는 1963년 미국의 정신과 의사 로버트 스톨러Robert Stoller가 스톡홀름에서 개최된 정신분석학대회에서 섹스와 다른 어떤 것으로 처음 공식적으로 문제를 제기하고, 새로운 과학적 연구 대상으로 지목해 학회에 소개하면서 널리 알려졌습니다. 섹스는 호르몬, 유전인자, 신경계, 생식기 등의 신체적 요소와 관련된 것으로서 생물학의 연구 대상이고, 젠더는 문

화와 관련된 것으로서 역할, 정서, 성격, 동일시 등 사회학
과 심리학 영역에 속하는 것이라는 주장입니다. 그는 《섹
스와 젠더 Sex and Gender》(1968)에서 섹스가 그에 합당한 젠
더 정체성을 확정하지는 않더라도 확대하려는 경향이 있
는 것은 사실이지만, 그렇다고 해서 섹스와 젠더가 반드시
호응하는 것은 아니라고 주장했습니다.[•]

섹스와 젠더의 비호응은 일반적으로 트랜스로 불리
며 트랜스젠더의 영역은 외모, 심리, 몸의 층위에 따라 각
기 크로스드레서, 트랜스젠더, 트랜스섹슈얼로 분류되기
도 합니다. '크로스드레서'는 이성의 복장을 즐겨 입는 복
장전환자를 말하고, '트랜스젠더'는 심리적으로 정서적으
로 자신이 타고난 성이 원래 자기 성이 아니라고 생각하기
때문에, 자기 성이 아닌 반대 성과 자신을 동일시하는 경
우입니다. '트랜스섹슈얼'은 외과적 수술을 통해 몸의 구조
를 완전히 변화시킨 경우에 해당합니다. 트랜스 중에는 여
전히 법적으로 변경된 성을 인정받지 못하는 경우가 많습

●　《페미니즘의 개념들》, 여성문화이론연구소, 동녘, 2016.

니다. 트랜스섹슈얼 중에서 일부만이 법적 투쟁을 통해 법적 시민의 정체성을 변경, 혹은 정정하는 단계까지 갑니다.

크로스드레서, 트랜스젠더, 트랜스섹슈얼의 구분이 생각만큼 분명한 것은 아닙니다. 세 영역은 경계를 넘나들면 부단히 움직이기도 합니다. 영미권에서 주요 문학상을 여러 번 수상했던 여성 시인 애드리언 리치Adrienne Rich, 1929~2012는 남자와 결혼해 출산까지 하고 규범적 가정을 꾸린 이성애자였는데, 나중에야 자신의 동성애적 정체성을 발견하고 커밍아웃한 대표 사례로 꼽히기도 합니다. 미국 드라마 〈센스 8〉의 노미는 원래 마이클이었다가 여성이 된 트랜스섹스이지만 여성으로서 다른 여성을 사랑합니다. 섹스/젠더/섹슈얼리티는 시간과 공간, 지형과 에너지 면에서 복잡한 방식으로 얽혀 있다고 보는 것이 더 자연스럽습니다.

이제 젠더 이론을 모니크 위티그Monique Wittg, 주디스 버틀러Judith Butler, 애너매리 야고스Annamarie Jagos, 게일 루빈Gayle Rubin의 대표 주저 한 편을 중심으로 전개해 보고자 합니다. 다소 딱딱하고 이론적으로 보일 수 있겠지만

한 꼭지씩 읽어 나가다 보면 남녀의 생물학적 성차와 다른 문화적 성별을 다룬 젠더 이론이 어떻게 정체성의 모호함을 논의하게 되었고, 그에 따라 성 소수자의 트랜스 영역에 있는 섹슈얼리티까지 다루게 되었는지 잘 알 수 있을 것입니다.

1
레즈비언은 여성이 아니다

모니크 위티그, 《여성의 몸, 어떻게 읽을 것인가》,

〈여성은 태어나는 게 아니다〉(한울, 2001)

모니크 위티그Monique Wittig, 1935~2003는 프랑스 페미니즘 작가이자 이론가입니다. 그녀는 사회적으로 강제된 젠더 역할을 극복하자고 주장했습니다. 그리고 '이성애적 계약heterosexual contract'이라는 말을 만들어 기존 사회의 이성애 중심성을 비판적으로 조망했습니다.

특히 "레즈비언은 여성이 아니다"라는 그녀의 유명한 문구는, 기존 여성이 가부장적 이성애 계약의 조건하에서만 구성되고 활동한다면 그런 담론적 패러다임을 극복할 새로운 주체가 필요하다는 선언에 가깝습니다. 남녀 이분법이나 남성 중심 관점에서 구성된 여성으로 페미니즘을 논의할 것이 아니라, 여성 스스로가 자신의 모습이라고 동일시하는 새로운 여성상을 만들어 내어 기존 젠더를 초월하는 새로운 혁신적 주체의 탄생을 요구한 것이라 할 수 있습니다.

위티그는 페미니즘의 대모 시몬 드 보부아르Simone de Beauvoir, 1908~1986의 "여성은 여성으로 태어나는 것이 아니라 여성으로 만들어지는 것이다"라는 유명한 명제를 재해석합니다. 여성이 태어나지 않고 만들어진다는 것은 선천적인 성보다는 후천적인 성, 타고난 성보다는 습득된 성의 중요성을 강조하는 말입니다. 위티그는 보부아르의 명제를 가져와 습득된 여성, 구성된 여성은 이성애 여성이 아니라 레즈비언 여성이어야 한다고 주장합니다. 이 글 〈여성은 태어나는 게 아니다〉는 1981년에 발표되었고, 국내에서는 2001년에 번역되었습니다.

우리는 몸을 당연한 자연의 결과물이라고 생각합니다. 하지만 위티그가 보기에 몸은 자연스럽거나 규제 이전에 있던 것이 아니었습니다. 몸 그 자체가 이미 비틀리고 일그러진 규제의 결과물인데, 마치 아무 일도 없었던 것처럼 자연으로 관념화한 것에 불과합니다. 다시 말해 여성으로 타고난 몸을 가진 여성 집단이나 개개인은 없습니다. 그 살아 있는 증거가 바로 레즈비언의 존재입니다. 레즈비언은 자연스럽다고 생각되는 여성의 몸과는 다른 몸을 표현합니다. 위티그는 보부아르의 말을 인용해 여자나 암컷은 숙명이 아니며, 다름 아닌 문명이 여성을 만들었다는 입장에 동의합니다.

여성으로 태어나는 것이 아니라, 여성으로 만들어지는 것이다. 인류 중 암컷이 이 사회에서 드러내는 모습을 규정하는 것은 어떤 생물학적이거나 심리학적인 혹은 경제적인 숙명이 아니라 남자와 거세된 남자의 사이 어딘가에 위치한, '여성적'이라고 묘사되는 이 피조물을 만들어 낸 것이 바로 문명 전체이다.●

● 《제2의 성 *Le Deuxième Sexe*》, 시몬 드 보부아르, 조홍식 옮김, 을유문화사, 1993.

위티그는 페미니스트나 레즈비언 페미니스트가 여성 억압의 기반에 역사적이면서 생물학적인 것이 있다고 생각하는 것에 반대합니다. 발달된 여성이 문명을 창조하고 야만적 남성이 사냥을 했다는 역사 해석이나, 태초에는 여성 중심의 모계 사회나 모권사회가 있었을 것이라는 신념까지도 지금까지 남성 계급이 만들어 온 생물학적 역사 해석의 복사판이라고 보기 때문입니다. 왜냐하면 그것은 사회적 사실이 아니며 남녀의 분리와 차이에 대한 생물학적 설명을 찾아내는 방법에 불과하니까요.

위티그는 남녀가 생물학적으로 분리되어 있었다는 해석에 저항합니다. 왜냐하면 이런 해석은 사회의 기초나 시초에 이성애가 있었다고 가정하는 것이기 때문입니다. 이성애적 접근 방법으로는 레즈비언의 존재와 활동을 인정하기 어렵습니다. 그래서 가모장제를 중심으로 인간 역사를 해석하는 것을 반대합니다. 가모장제는 가부장제만큼이나 이성애적이라는 비판입니다. 심지어 달라진 것은 억압자의 성별일 뿐이라고까지 하지요.

왜 여성의 적을 여성으로 돌릴까요? 이유는 하나입니

다. 여성 내부의 이성애 중심주의가 동성애 여성을 차별하고 적대시하기 때문이지요. 위티그가 보기에 가부장제는 말할 것도 없이 이성애적이고, 가모장제도 이성애적이기는 마찬가지입니다. 여자가 남자를 사랑하고 어머니가 되는 것은 정상적이라고 보지만 여자가 여자를 사랑하고 어머니 되기를 거부하는 것은 비정상이라고 생각하기 때문입니다.

여성은 출산에서
어떻게 소외되는가

인간의 삶이야 모두 고단하고 힘들지만 그래도 사회 규범이나 규정을 따르며 산다면 비교적 큰 문제는 피할 수 있습니다. 그러나 가부장제 이성애 중심 사회에서 여자가 비어머니 가장이 되겠다고 나선다면 많은 제약이 따릅니다. 전 세계적으로 정치, 경제 분야의 여성 참여 비율과 소득 비율은 남성의 10퍼센트에도 미치지 못합니다. 2천

년이 넘는 인류 역사 중에서 여성이 남성과 동등한 참정권
은 갖게 된 것은 불과 백 년 남짓에 불과합니다. 사우디아
라비아는 2016년에야 여성에게 참정권을 부여했고, 로마
바티칸 공국은 남성 사제의 나라로 아직도 여성 참정권이
인정되지 않습니다.

경제도 마찬가지입니다. 세계 대다수 경제 활동 조직
이 남성을 중심으로 구축되어 있고, 한국의 경우 직장 여
성의 경제 소득은 남성의 절반 정도에 불과합니다. 여성이
가장이 되어 한 가정의 책임자가 되고 모든 경제적 책임과
가치관의 중심이 되려면, 정치와 경제 측면에서 지금과는
매우 다른 제도와 체제가 갖춰져야 할 것입니다.

그런데 만약 여성이 결혼 자체를 거부하고 다른 여성
을 사랑하면서 아이는 낳지 않고 살기로 결정한다면 어떻
게 될까요? 아마도 일단은 이 사회 시민으로서의 자격을
의심받게 될 것입니다. 요즘 대학가에서는 취업을 더 중요
하게 여기고 결혼과 출산을 뒤로 미루려는 여대생들을 이
기적이라고 비난하는 전단지나 광고물을 종종 마주할 수
있습니다. 그러나 현실은 어떻습니까? 자본주의 사회에서

는 모든 것이 돈이 있어야 가능합니다. 영화를 보고 전망이 좋은 식당에서 저녁 식사를 하고 칵테일 한잔하는 데이트에도 10만 원이 족히 들어갑니다. 한 시간짜리 결혼 예식 한 번에 2천만 원 정도가 들고, 서울이나 근교에 작은 전셋집 하나를 얻는 데는 2억 원 이상이 필요합니다. 거기에 아이까지 출산하면 경제적으로 몇 억을 소비해야 할지 계산조차 나오지 않습니다. 연애도 결혼도 출산도 너무 경제적 부담이 큰 현실에서 애 낳기 거부하는 여자만 이기적이라고 비난하는 것은 조금 부당해 보입니다. 우리 모두가 현실로 당면한 문제니까요. 지금은 돈으로 살 수 있는 것이 많아졌고, 또 그 가격도 계속 오르고 있습니다.

출산은 결코
자연스러운 것이 아니다

위티그의 첫 번째 문제의식은 '출산은 자연적 과정이 아니다'라는 데 있습니다. 위티그는 출산을 '강요된 생산'

이라고 보았습니다. 출산을 당연한 생물학적 과정으로 보는 것은 우리 사회에서 출산이 '인구학적으로 계획된다'는 점을 망각하는 처사라는 것입니다. 그녀가 볼 때 출산은 전쟁만큼은 아니지만, 전쟁에 비할 만큼이나 사망률이 높은 유일한 사회 활동입니다.

그런데 서유럽과 미국은 모성의 신비에 기대어 출산을 너무나 당연하고 자연스러운 것으로만 간주해 왔습니다. 출산을 모든 여성의 몸에 내린 축복으로만 홍보하고 실제 출산 행위에 따르는 위험과 여성 신체의 손상, 출산 이후의 경력 단절, 육아 책임과 이후의 모든 사회적 비용 문제는 슬쩍 감추어 온 것입니다.

한국의 출산도 다르지 않습니다. 오히려 국가 정책과 더 밀접히 연결되어 있다고 할 수 있습니다. 우리나라는 1960년대에 이르러 뒤늦게 피임법을 도입했습니다. 그러나 그것은 임신한 여성이 선택할 수 있는 자기 몸의 결정권 때문이 아니라, 가족계획과 산아 제한이라는 국가 인구 정책의 한 방편으로 수용되었습니다. 1950년대에 20~30대였던 1920~30년대 태생, 즉 조부모나 증조부모 시대만

해도 피임법 자체를 잘 몰랐습니다. 그저 능력껏 아이를 가졌고, 아이가 생기는 대로 낳는 것을 당연하게 생각했습니다. 당시엔 의료 시설이 낙후해서 출산으로 여성이 사망하는 사례도 많았습니다. 1960년대부터 시작된 가족계획은 산아 제한으로 인구수를 통제하고, 식량 생산량에 맞게 인구를 조절하려는 국가 정책의 일환이었습니다. 1960년대 가족계획 슬로건이 '덮어놓고 낳다 보면 거지꼴을 못 면한다'였다는 것만 봐도 알 수 있죠.

1970년대 들어서자 국가는 국민들이 남아 선호 사상 때문에 아들을 꼭 낳으려고 아이를 자꾸 더 낳는다는 것을 알게 되었습니다. 이에 따라 표어도 '딸 아들 구별 말고 둘만 낳아 잘 기르자'로 바뀌었습니다. 남아 선호로 인한 성비 불균형을 해결하고, 인구 성장도 억제하려는 국가의 의지는 좀 더 강화되어 1970년대 후반과 1980년대 초반에는 '잘 키운 딸 하나 열 아들 안 부럽다'로 표현되었습니다. 1990년대에도 이와 유사하게 '사랑 모아 하나 낳고 정성으로 잘 키우자'라는 표어가 유지되었고, 하나만 낳다 보니 이왕이면 아들을 낳으려는 성 선별 출산을 우려하는

표어 '아들 바람 부모 세대 짝꿍 없는 우리 세대'까지 등장
했습니다.

그런데 21세기에 들어서자 인구 성장이 둔화되면서
문제가 발생했습니다. 노동을 통해 생산 활동을 하고 그
생산 소득의 일부를 국가에 세금으로 내야 할 생산 인구
가 줄어들기 시작했습니다. 국가는 다급해졌습니다. 세원
감소는 국가 운영에서 큰 손실이니까요. 그래서 출산을
장려하는 쪽으로 가족계획 방향을 선회하게 됩니다. 2000
년대에 들어서는 가족계획 표어로 '한 자녀보다는 둘, 둘
보단 셋이 더 행복합니다'가 등장하기 시작했습니다. '아
빠, 혼자는 싫어요. 엄마, 저도 동생을 갖고 싶어요'도 나
타났습니다. 반세기도 지나지 않아 인구 억제 정책이 인구
증가 정책으로 반전된 것이지요.

이런 가족계획 표어의 변화는 국가 정책의 변화를 명
확히 보여 줍니다. 1980년대까지는 출산을 억제하기 위해
국가 차원에서 피임법을 대중화하고, 보건소를 통한 무료
피임 시술을 권장했습니다. 피임 시술을 받은 사람에게 주
택 보급 우선권을 부여하기도 했습니다. 1990년대까지는

출산을 억제하면서도 성비 균형을 모색하는 정책을 유지했습니다. 그러다가 2000년대 들어서면서 기존 정책과는 반대로 다둥이 가정에 혜택을 주는 등 출산을 장려하는 쪽으로 정책 방향이 전환된 것을 알 수 있습니다. 이를 통해 보면 출산은 자연스럽고 당연한 것이 아니라 국가 정책에 따라 조절되고 통제되는 인위적이고 계획적인 것임이 드러납니다.

위티그의 두 번째 문제의식은 '이성애 비판'에 있습니다. 위티그는 이성애 중심 사회에서 이성애자가 되기를 거부하거나 이성애자로 남기를 거부하는 것은 의식적이든 무의식적이든 남자나 여자가 되기를 거부하기 위한 것이라고까지 주장합니다. 레즈비언에게 그것은 이성애 사회 속에서 규정한 여성이 되기를 거부하는 것을 의미하며 남성 중심적인 경제적, 이데올로기적, 정치적 권력을 거부하기는 것입니다. 위티그는 레즈비언들이 레즈비언 운동이나 페미니즘 운동이 시작되기 전부터 이 사실을 알고 있었다고 주장합니다.

이 주장은 이성애를 당연시하는 사회 안에 있는 남성

이나 여성은 별반 다르지 않다는 강한 표현이기도 합니다.
물론 여성은 오랫동안 남성의 억압을 받아왔다고 말하겠
지만, 동성애자가 볼 때 동성애가 이성애로부터 차별받은
부분이 훨씬 더 많다는 주장이지요. 특히 그중에서도 여성
동성애자 즉, 레즈비언은 이성애 사회의 남녀 차별을 일찌
감치 깨닫고 여성들만의 사회를 만들었다고 할 수 있습니
다. 따라서 이성애 중심 사회의 이성애 여성은 같은 여성이
라 하더라도 여성 동성애 사회의 여성만큼 선구적이거나
급진적이지는 못하다고 비판받습니다.

남녀 성별 범주를
넘는 레즈비언

위티그의 마지막 주장은 '레즈비언은 여성이 아니다'
라는 주장입니다. 이 주장은 다소 극단적으로 들립니다. 이
성애 안에서 모성과 재생산성으로 신화화된 '여성'을 파괴
한다고 해서 그것이 동시에 그 여성의 범주로서의 레즈비

어니즘을 파괴하려는 것은 아니라고 주장합니다. 워티그에게 레즈비어니즘은 우리가 자유롭게 살 수 있는 유일한 사회적 형식을 당장 제공하기 때문입니다.

> 레즈비언은 (남녀의) 성의 범주를 넘어서는 내가 아는 유일한 개념이다. 왜냐하면 여기서 지칭된 성(레즈비언)은 경제적으로도 정치적으로도 이데올로기적으로도 여자가 아니기 때문이다.•

그녀는 투쟁 계급인 '여성들women'과 신화로서의 '여성woman'을 구분할 것을 제1과제로 삼아야 한다고 주장합니다. 신화 주체 '여성'은 우리들 개개인이 아니라 투쟁 주체 '여성들'을 부정하는 정치적이고 이데올로기적인 구성물이라는 것입니다. 그래서 남녀 성별 범주를 넘어서는 유일한 개념은 '레즈비언'뿐이며, 레즈비언은 정치·경제·이데올로기 측면에서 '여성'이 아니라고까지 주장하는 것입

• 《여성의 몸, 어떻게 읽을 것인가》, 〈여성은 태어나는 게 아니다〉, 모니크 위티그, 한울, 2001.

니다.

이런 주장들은 이제 결론에 도달합니다. 남성이 여성 억압을 정당화하는 사회제도, 또 남녀 간에 차이가 있다는 교리를 믿는 이성애 체계를 없앨 때만이 비로소 남성과 여성에 대한 차별적인 이분법을 허물 수 있다는 것입니다. 여성은 어머니로 신화화되거나 열등한 계급으로 억압당해서는 안 되고, 여성 스스로가 독립적인 자기 정체성을 형성하는 새로운 주체가 되어야 한다는 결론입니다.

위티그의 논의를 정리하면 세 가지로 요약됩니다. 우선 여성의 출산은 자연적인 것이 아니라 제도적인 것이라는 생각입니다. 오랫동안 여성의 몸에 부여된 신화였던 출산 기능의 자연스러움과 당연성은 사실 철저한 기획의 결과라는 것을 밝히는 것입니다.

두 번째는 이성애가 자연스럽게 남녀 간 위계질서를 만들고 고착시킨 제도라는 비판입니다. 남녀 간 사랑만을 정상으로 여기는 기존의 가족 질서와 제도적 정비는 사실상 남녀 간 위계질서를 고착화한 강제적이고 강요된 것일 뿐이지 자연스러운 것이 아니라는 것이지요.

　　마지막으로 레즈비언은 이성애 여성과 다르며 레즈비언만이 남성 중심의 이성애 제도를 혁파할 유일한 대안이자 진정한 여성이라는 주장입니다. 이것은 여성 관점에서 사회를 다시 사유하고 재조직하고 재편할 수 있는 가능성을 '레즈비언' 주체에서 발견하려는 급진적 시도라고 할 수 있습니다.

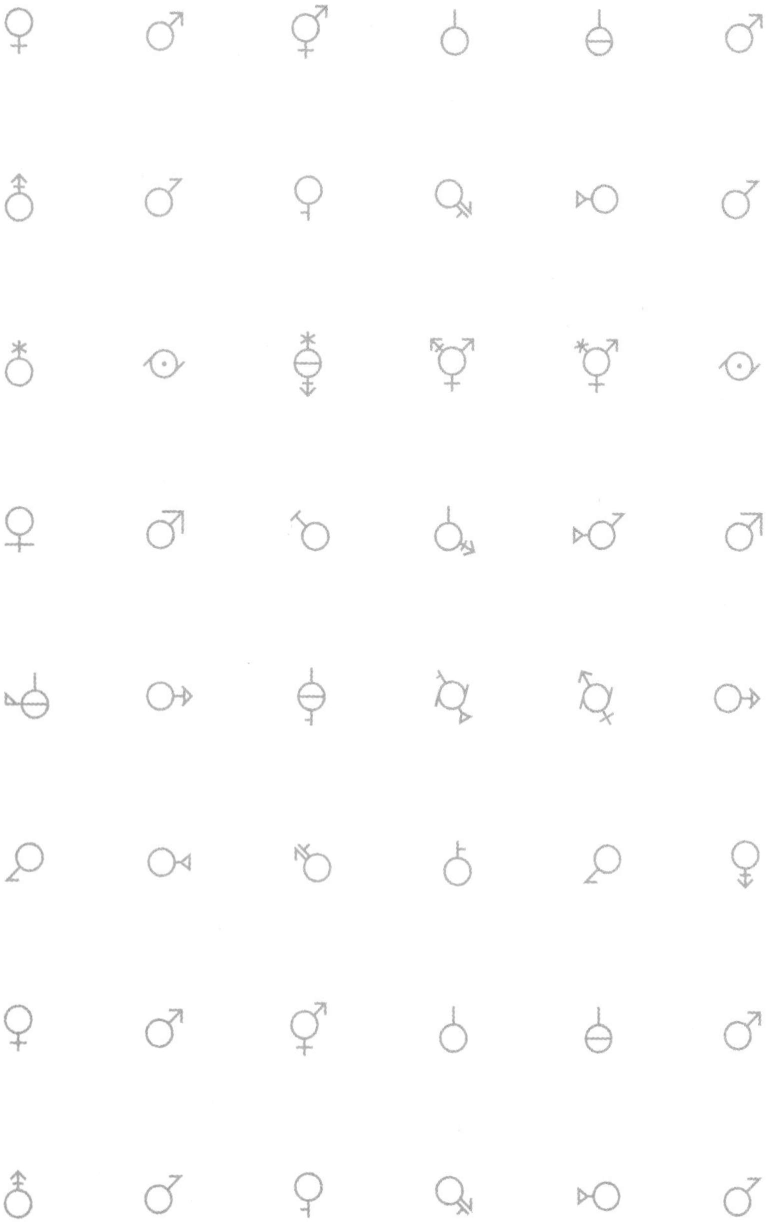

2
섹스는 이미 언제나 젠더였다

주디스 버틀러,《젠더 트러블: 페미니즘과 정체성의 전복》

(문학동네, 2008)

주디스 버틀러Judith Butler, 1956~는 미국 오하이오주 태생의 여성 철학자이자 퀴어 연구자로 지금은 버클리 소재 캘리포니아 주립대학교 비교문학 학부와 비평 이론 프로그램을 맡은 맥심 엘리어트 교수입니다. 그녀는 또한 유럽 대학원 한나아렌트학과의 학과장이도 합니다. 버틀러를 유명인으로 만든 책은 두말할 필요도 없이 그녀가 30대 중반에 쓴《젠더 트러블》입니다.

《젠더 트러블》의 문제의식은 이 책의 부제(페미니즘

과 정체성의 전복)에서도 알 수 있듯이 페미니즘의 정치성
은 유지하면서, 정체성을 전복하려는 것입니다. 이 글은
1990년 미국에서 출판되었고 국내에서는 2008년에 번역
되었습니다. 미국에서 처음 출판되던 1990년 당시에 페
미니즘이 이성애를 중심으로 가족과 재생산 논의에 초점
을 맞추던 것에 대한 비판이라고 할 수도 있습니다. 영미
권에서는 여성주의가 1970년대 이후 학계와 대학 강단을
중심으로 확산되었지만 그 어디에도 성 소수자의 섹슈얼
리티 논의는 없었습니다. 페미니즘 하면 으레 이성애 가족
과 성별 분업, 가사노동의 임금화, 혹은 여성성이나 모성
성의 신비와 모자 혹은 모녀관계 정도에 한정되기 쉬웠습
니다.

후에 《젠더 허물기》에서도 밝히고 있지만 《젠더 트러
블》의 목표는 두 가지였습니다. 하나는 페미니즘 이론 안
에 널리 퍼져 있는 이성애 주의를 폭로하는 것이었고, 다
른 하나는 젠더 규범의 혼란 속에 사는 사람도 살 만한
세상, 인정받는 삶을 살 가능성을 꿈꾸기 위해서였습니
다. 《젠더 트러블》은 당초 예상과 달리 엄청난 파급력을

미치며 버틀러를 학계에서 주목받는 신진학자로 만들었습니다. 무엇보다도 이 책은 이성애 중심으로 논의가 진행되던 페미니즘 전체에 젠더의 이름으로 트러블을 일으켰습니다.

《젠더 트러블》은 이 사회가 이성애 중심 사회라면 정말 여성/남성을 분명하게 구분할 수 있는지, 여성성/남성성의 내적 본질이 있는지, 또 동성애/이성애의 확고한 이분법이 가능한지를 심문합니다. 버틀러는 모니크 위티그를 제외한 당대의 프랑스 페미니즘이 전반적으로 문화적 인식성에 있어 여성성과 남성성의 근본적 차이를 가정한다고 생각했습니다. 그리고 이에 대한 비판을 위해 기존의 이원적 젠더/섹스가 인과적으로 연결되고 결정된다는 생각에 트러블을 일으키고자 했습니다.●

● 《생각하는 여자는 괴물과 함께 잠을 잔다》, 김은주, 봄알람, 2017.

세상을 단 두 가지로
나누는 것이 가능할까

섹스, 젠더, 섹슈얼리티의 불안정한 이분법을 논의하는 방식은 세 가지로 진행됩니다. 첫 번째는 이분법의 안정성을 의문시하는 방식입니다. 우선 여성/남성, 여성성/남성성, 동성애/이성애를 분명하게 나눌 수 있는가의 문제입니다. 여성과 남성을 나누는 생물학적 기준은 주로 성기 모양과 성염색체입니다. 그러나 태어난 직후 성기 돌출 부분이 1센티미터 이하도 2.5센티미터 이상도 아니라서 중간에 있는 사람도 있고, 탄생기에는 분명한 한쪽 생식기 특성을 보였는데 이차 성징기에 다른 성의 성적 징후가 더 많이 발현되는 사람도 있습니다. 이들은 선천적인 혹은 후천적인 인터섹스, 또는 간성이라고 불립니다.

여성성과 남성성도 역사적으로 많은 변화를 겪었습니다. 예전에는 의존적이거나 지원적인 성향을 여성적 감성이라 불렀지만, 지금은 주체적이고 자족적인 경향을 섹시한 여성적 매력으로 꼽기도 합니다. 여성과 남성, 여성성성과 남성성이 모호한 경계 위에 겹쳐지는 이중성이 되니, 이성애와 동성애를 칼로 무 자르듯 명확히 구분하기가 어려운 것은 말할 것도 없습니다.

두 번째는 여성, 여성성, 동성애라는 개념의 내적 안정성 문제입니다. 여성/남성, 여성성/남성성, 동성애/이성애를 분명하게 구분할 수 없다는 말은 그 각각의 항들이 내적 완결성을 확고히 할 수 없다는 뜻입니다. 이분법의 불안정성은 그 양쪽의 이원항을 이루는 각 항의 본질적 중핵이나 근본적 토대를 의심하게 합니다. 각 항목의 개념은 원래 그런 의미인 것이 아닙니다. 모든 개념화와 범주화에는 당대의 담론과 이론이 보이지 않는 배경으로 들어가 있습니다. 따라서 남성도 그리고 여성도 규율 담론을 생산하는 제도 권력이 개입된 결과라는 뜻이기도 합니다.

마지막은 인과론의 전도입니다. 우리는 언제나 원인이 있기 때문에 결과가 있다는 인과론을 신봉해 왔고 그런 의미에서 원인의 본질적 동인을 의심 없이 받아들여 왔습니다. 예컨대 정신분석학에서는 누구에게나 무의식적으로 근친애 욕망이 있기 때문에 이것을 금지하는 금기가 생겼고, 근친애 금기가 문명의 시작이라고 설명합니다.

그런데 버틀러는 금지해야 할 근친애적 욕망이 정말로 본질적이고 근원적인 욕망인지 의심합니다. 만약 근친애적 욕망이 인간의 본질적 욕망이라면 동성에게 욕망을 느끼는 사람을 설명할 수 없거든요. 그렇다면 정신분석학은 근친애라는 이성애 욕망을 본질적 원인으로 만들기 위해 만들어진 것이라고도 할 수 있습니다. 다시 말해 오이디푸스 콤플렉스Oedipus complex 때문에 문명의 금기가 생긴 것이 아니라 이성 간 사랑을 인간의 근원적 욕망으로 확정하려는 정신분석학의 욕망이 오이디푸스 콤플렉스를 탄생시켰다는 것이지요.

그렇다면 고정되고 안정되어 보이는 섹스, 젠더, 섹슈얼리티도 실은 모두 다 지배 담론의 결과물이 됩니다. 섹스, 젠더, 섹슈얼리티가 사회적 구성물이라고 한다면 성은 모두 젠더의 의미로 수렴될 수 있습니다. 젠더 자체가 생물학적인 성과 구분되는 사회적이고 문화적인 성을 의미하는 단어였으니까요. 그래서 버틀러는 "섹스는 이미 언제나 젠더였다"고 선언하게 이릅니다.

섹스의 불변적 특성이 도전받는 것이라면 아마도 '섹스'라고 불리는 이 구성물은 젠더만큼이나 문화적으로 구성되었을 것이다. 즉 정말 어쩌면 섹스가 언제나 이미 젠더였던 것이다. 섹스와 젠더의 구분이 어떤 구분도 되지 못하는 결과를 가져오면서 말이다.•

젠더는 어떻게
구성되는 것일까?

섹스, 젠더, 섹슈얼리티가 이미 언제나 젠더라면, 이제 젠더의 정체성이 구성되는 방식에 주목하지 않을 수 없습니다. 버틀러는 《젠더 트러블》에서 젠더가 구성되는 방식을 크게 패러디, 수행성, 반복 복종, 우울증 네 가지로 설명합니다.•• 우선 젠더는 원본 없는 패러디처럼 구성됩니

• 《젠더 트러블 *Gender Trouble: Feminism and the Subversion of Identity*》, 주디스 버틀러, 조현준 엮음

•• 《주디스 버틀러의 젠더 정체성 이론》, 조현준, 한국학술정보, 2007.

다. 패러디는 원래 진지한 원본을 웃기려는 목적으로 모방하지만, 젠더가 모방하려는 원본은 이미 원본이 아니라는 것을 알고 있습니다. 여장 남자가 여자를 모방한다면 그것은 진짜 여자가 아니라, 가장 여자답다고 생각되는 환상 속의 여자를 모방하는 것이기 때문입니다. 그렇다면 여자라는 원본은 진짜 원본이 아니라 여자다운 여자라는 환상이 됩니다. 여자도 여성미를 발산하고 싶을 때는 보통 자기 모습과 달리 여성적으로 치장을 합니다. 여장한 남자뿐 아니라 타고난 여자까지 이런 환상을 모방한다면 여자가 진짜고 여장 남자는 가짜라는 위계적 구분도 불가능하게 되지요.

그리고 젠더는 연극 무대의 행위처럼 수행적으로 구성됩니다. 우리는 어떻게 보면 세상이라는 무대 위의 연기자입니다. 그래서 때로는 사회가 자신에게 부여한 배역을 연기하고 연출해 내야 합니다. 자신이 원래 어떤 사람으로 타고나서가 아니라 그 배역을 충실히 수행하다 보면 어느새 그 사람이 되어 있기도 합니다. 행위가 나를 구성하게 되는 것이지요. 내가 애초에 좋은 딸로 태어난 것이 아

독일에서 열리는
'크리스토퍼 스트리트 데이 퍼레이드Christopher Street Day Parade'에
드래 퀸 분장을 하고 참여한 시민.

니라 자라면서 좋은 딸이 어떤 것인지를 이렇게 저렇게 배우고, 배운 것을 이러저러하게 실행하다 보니 어느새 좋은 딸이 되어 있다는 말입니다. 그렇다면 행위 뒤에 숨은 본질적 행위 주체는 없고 언제나 행위자가 행위를 통해 구성되는 과정 중에 있는 것이 되지요.

또 젠더는 권력의 호명에 무의식적으로 반복 응답하면서 구성됩니다. 제도 담론의 규율 권력은 주체를 호명합니다. 김 기자, 박 선생, 강 피디 같은 사회의 호명은 나를 그 부름에 뒤돌아보게 합니다. 반복된 호명은 늘 같아 보여도 그 결과가 언제나 같은 것은 아닙니다. "여기, 어이"라던가, "이봐, 퀴어"라고 부르는데 내가 뒤돌아봤다면, 나는 '어이' 혹은 '퀴어'라는 말이 나를 부르는 것이라고 알아듣고 자신의 정체성으로 수용한 것입니다. "여기, 어이"는 성별이나 나이를 가늠할 수 없는 이방인을 부르는 말일 수 있고, 친근한 친구를 부르는 장난이 어린 목소리일 수도 있습니다. "이봐, 퀴어"도 동성애자에 대한 혐오의 언어일 수도 있고 혹은 문화적 다양성을 추구하는 트렌드 리더를 부르는 말일 수 있지요. 호명의 언어는 매번 다른 효과를 내므로 그에 응답해서 형성되는 내 정체성도 변할 수 있습니다.

마지막으로 나의 젠더는 사랑했던 사랑의 대상이 구성합니다. 내가 누군가를 무척 사랑했다가 이별했다면 그 대상은 완전히 사라지지 않고 내 안에 남아 있습니다. 보통은 일정 기간 동안 대상을 끌어안고 있다가 서서히 잊게 되지요. 그런데 그 대상이 내 안에 남아서 나의 일부를 구성해 버리면 잊을 수가 없을뿐더러 그 대상을 나의 일부로 받아들여야 합니다. 그리고 내 안에 들어와 있는 내가 사랑했던 대상을 인정해야 합니다. 이렇게 내가 된 사랑의 대상을 애증의 감정 때문에 미워하게 되는 것 그래서 사실상 내가 나를 괴롭히는 것을 프로이트는 우울증이라고 했습니다. 그렇다면 사랑하던 대상이 나를 구성하는 방식은 우울증의 방식이라고도 할 수 있습니다.

정리하면 《젠더 트러블》은 모든 안정된 정체성을 의문시하면서 이성애적 페미니즘에 트러블을 일으키고자 했고 그것은 이분법 해체, 자기동일성 의심, 인과론의 전도라는 방식으로 이루어졌습니다. 그리고 젠더 정체성은 패러디, 수행성, 반복 복종, 우울증의 방식으로 구성됩니다. 하지만 범주로서의 정체성이 없다고 해서 페미니즘의 정치성이 없어지는 것은 아닙니다. 오히려 다양성으로 열린 퀴어의 정치학, 또한 퀴어와 페미니즘의 연대의 가능성이 열리는 것이지요.

3
퀴어는 퀴어하다

애너매리 야고스, 《퀴어 이론─입문》

(여성문화이론연구소, 2012)

애너매리 야고스Annamarie Jagose, 1965~는 뉴질랜드 태생의 LGBT 연구자이자 작가로 오클랜드 대학의 영화, TV, 매체연구학과 교수로 재직하다가 2011년부터 현재까지 시드니 대학교 문학, 예술, 매체 대학 학장으로 있습니다. 활발하게 활동하고 있는 젊은 교수이며 《레즈비언 유토피아*Lesbian Utopics*》,《오르가즘학*Orgasmology*》 등을 저술했습니다.

이 중에서 《퀴어 이론─입문》은 1996년에 저술된 책으로 국내에는 2012년에 번역되었습니다. 이 책은 동성애 욕망을 이론화해서 퀴어 이론을 정립하고자 합니다. 지금까지 있었던 동성애 옹호 운동, 게이 해방 운동, 레즈비언 페미니즘을 설명하고 기존 논의를 넘어서는 퀴어 정체성을 이론화하려는 것입니다. 그리고 퀴어 안에 있는 여러 논쟁과 쟁점을 가져와 퀴어 내부의 여러 차이에 대해서도 논의합니다.

퀴어의 역설은 퀴어가 퀴어로 정립되고 규정되는 만큼 퀴어에서 멀어진다는 데 있기도 합니다. 다시 말해 퀴어는 다양한 섹스, 젠더, 섹슈얼리티의 가능성을 열어 게이와 레즈비언의 삶의 가능성을 확장하기 위한 여러 가지 이론적·실천적 노력입니다. 그래서 퀴어는 모든 규범적 정체성을 거부합니다.• 기본적인 입장 자체가 섹스, 젠더, 섹슈얼리티에 관한 규범적이고 규정적인 의미화에 저항하는 것이

• 퀴어는 1990년대 초에는 동성애를 경멸하던 용어였으나 이후에는 게이, 레즈비언, 이성애 규범에 저항하는 모든 노력을 지칭합니다. 부정적 의미에서 긍정적 의미로 변화했다고 할 수 있습니다. 그런 의미에서 젠더 퀴어는 모든 젠더 규범에 저항하는 노력입니다.《트랜스젠더의 역사》, 수잔 스트라이커, 제이, 루인 역, 이매진, 2016.

기 때문에 때때로 성 소수자의 권리를 특화해 주장하려는 노력과 충돌하기도 합니다. 버틀러는 퀴어의 규범화는 퀴어의 비극적 종말이 될 것이라고 경고했습니다. 야고스도 퀴어는 진보나 반동을 대표하는 것이기보다는 어떠한 고정된 가치도 가지고 있지 않는 것이라고 주장합니다.

그러나 퀴어의 정치성은 성 소수자들에 대한 차별을 철폐하기 위한 노력과 맞닿아 있습니다. 이런 노력은 1990년대 미국 대학가의 레즈비언 연구 및 게이 연구의 활성화와 퀴어 학술지 《지엘큐: 레즈비언과 게이 연구지 *GLQ: A Journal of Lesbian and Gay Studies*》, 《비판적 퀴어 연구 *Critical Queer Studies*》의 간행과도 연결됩니다. 즉 다양성에 입각해 레즈비언과 게이를 정당한 섹슈얼리티로 수용하고, 기존의 이성애 중심성을 비판하려는 것입니다. 남녀 간의 사랑만을 자연스럽고 정상인 것으로 오랫동안 여겨 온 정상성 규범을 비판하고, 이성애뿐 아니라 아닌 다양한 성애 경향을 차별 없이 받아들이려는 노력이기도 합니다.

퀴어는 무엇에 저항하고
어떤 세상을 꿈꾸는가

한편 퀴어의 이론성은 모든 고정된 정체성과 규범에 저항합니다. 레즈비언이나 게이, 동성애를 옹호하고 퀴어의 전형으로 세우기보다는 모든 비규범적 성애, 비규범적 정체성의 다양성을 논의하고자 합니다. 미셸 푸코Michel Foucault, 1926~1984의《성의 역사 *The History of Sexuality*》1권이 게이 운동가나 에이즈 활동가들에게 큰 정치적 영감을 준 것처럼, 버틀러의《젠더 트러블》은 퀴어 이론을 하나의 이론으로 정립하는 데 큰 영향을 미쳤습니다. 버틀러의 말대로 섹스, 젠더, 섹슈얼리티 모두가 어떤 본질적 핵도 갖지 않는 사회 문화적 구성물이라면 여성, 여성성, 동성애가 차별받을 근거가 없어지기 때문입니다.

그런데 여기서 충돌이 하나 발생합니다. 성 소수자이기 때문에 받는 차별을 피하고자 인권 투쟁을 하는 레즈비언과 게이의 정치적 요구와 성 소수자를 포함한 모든 비규범적 방향성을 지닌 퀴어의 이론적 다양성은 논의 범위나 논의 대상에 큰 차이가 있기 때문입니다.

성 소수자들에게는 합법적인 결혼 권리를 비롯한 입양권, 재산 상속권, 친권, 시신 양도권 등의 법적 권리와 정치적 권익이 중요합니다. 그러나 모든 차이를 포용하는 퀴어는 그런 특정한 정치적이고 법적인 투쟁이 오히려 어떤 규범이나 규정을 만드는 것을 우려합니다. 동성애 옹호 운동이나 게이 해방 운동, 레즈비언 페미니즘으로 정치적 권리나 법적 지위 획득을 목표로 하는 활동가들이 볼 때에는 모든 정체성 범주에 대해 회의적인 퀴어 이론이 비정치적이거나 심지어 반동적 지성이라고까지 여겨질 수도 있습니다.

예를 들면 수잔 올페Susan Wolfe와 줄리아 페닐로페Julia Penelope는 정체성의 불안정성을 동성애 혐오 전략이라고 규정합니다. 그들은 해체주의 담론이 학계 페미니즘 담론에 편입된 결과, 레즈비언이라는 말을 인용 부호 안에 넣고 진짜 레즈비언의 존재는 부인하고 있다고 비판합니다.[•] "정체성의 해체는 정치성의 해체가 아니다. 그것은 정체성이 표

● 《퀴어 이론-입문》, 애너매리 야고스, 박이은실 역, 여성문화이론연구소, 2012.

명되는 관점 자체를 정치적인 것으로 확립한다"고 주장하는 버틀러의 생각과는 정반대라고 할 수 있습니다. 이브 세즈윅Eve Sedgwick은 절대로 퀴어라고 말하지 않을 레즈비언과 게이도 있고, 동성 간 에로티시즘을 별로 경험하지 않고도 퀴어 코드에 반응을 보이는 사람도 있다고 말합니다.

야고스는 퀴어라는 용어로 '자기 규정을 거부하는 쪽'과 '자기 규정을 수용하는 쪽'의 두 가지 대립된 주장을 모두 들어 볼 가치가 있다고 주장합니다. 퀴어를 긍정적 자기 설명의 용어로 확산시켜서 얻는 사회 변화도 논쟁의 여지는 있기 마련이고, 퀴어의 재의미화가 공허하다고 비판하는 비평가들이라도 퀴어의 의미론적 싸움을 무용하다고 여기지는 않기 때문입니다. 퀴어가 모든 규범의 이름으로 규정된 정상성 체제에 대한 저항이라면, 퀴어는 언제나 규범성의 기준이나 정상성의 범주에 대해 비판적 관계를 유지하게 할 수 있습니다.

- 《젠더 트러블》, 주디스 버틀러, 조현준 역, 문학동네, 2008.

과거에 퀴어라는 용어는 동성애자들을 경멸하기 위한 호칭으로 사용되었습니다. 오늘날 퀴어는 스스로를 유동적이고 고정되지 않는 존재라고 여깁니다. 또한 지금 당장은 알 수 없는 잠재 공간을 열어 미래의 열린 정치로 나아가려는 주체들을 퀴어라고 통칭합니다. 오늘날 퀴어의 현실적 표현 양상은 다양합니다. 1990년 뉴욕의 '액트업ACT UP' 회의에서 형성된 슬로건 '퀴어 나라'는 북미 활동가들을 중심으로 퀴어 민족주의를 표방하기도 했습니다. '퀴어 나라'는 미국에서 퀴어를 대중화하는데 기여했다고 평가받지만 균질성과 단결이라는 관념을 구현하려고 한다는 비판도 받습니다.

가장 논란이 많은 부분은 퀴어라는 용어가 서로 다른 주체를 포괄하는 총칭 언어로 사용될 때입니다. 가장 광범위하게 쓰일 때 퀴어는 레즈비언과 게이뿐만이 아니라 트랜스섹슈얼과 트랜스젠더와 양성애자도 지칭하게 됩니다. 그리고 모든 고정된 정체성을 거부한다는 퀴어의 이론적 정의에 기초하면 이성애자와 동일시하는 퀴어까지도 포함할 수 있습니다.

그런데 이성애 중심 사회에서 성 소수자의 권익 향상을 위해 만들어진 이론적이고 실천적인 노력인 퀴어가 이성애까지 포괄하게 된다면 퀴어 자체의 존폐 위기를 맞을 수도 있습니다. 이성애 규범을 거부하려는 노력이 이성애까지 포함한다는 것은 일종의 자가당착일 테니까요. 엘리자베스 그로츠Elizabeth Grosz는 이런 용어의 모호성이 퀴어를 위험한 정치적 범주로 만들 수 있다고 우려합니다.

퀴어는 기이하지 않고
어디에나 존재한다

한편 퀴어 내부의 다양성은 미래로 열린 퀴어의 가능성이기도 합니다. 미래에는 위험과 전망이 동시에 있지요. 정체성과 차이의 붕괴는 단일한 정치성에는 위협적일 수도 있지만, 더 많은 차이의 수용과 다양성의 포용을 통해서 복합적 연대의 정치성에는 긍정적 전망이 될 수 있습니다. 퀴어 정체성이 비특정, 불확정의 본질 없는 정체성을 추구하므로 퀴어 정체성은 언제나 모호하고 관계적인 것이 됩니다.

또한 이원적 분류 범주와 그것을 유지시키는 반대항과 동류항을 해체함으로써 성 정체성에 관한 관습적 인식에도 질문을 던집니다. 이런 해체는 언제나 양면적입니다. 기존의 관습적이고 인습적인 성 정체성의 지배와 억압에 도전장을 내미는 것일 수도 있지만 모든 다양한 정체성 혹은 지금은 알 수도 없는 미지의 복합적 성 정체성에 가능성을 주는 것일 수도 있습니다.

그러나 퀴어가 말하는 정체성의 해체가 정치성을 상실한 것은 아닙니다. 게이와 레즈비언 운동, 에이즈 혐오 척결 운동부터 시작해서 여러 복합적 다양성을 안고 사는 많은 주체들과 소통하고 연대할 수 있는 가능성이 그 안에 있기 때문입니다. 퀴어의 복합적 다양성은 그것을 활용하는 맥락과 상황에 따라 양날의 칼이 될 수 있습니다.

따라서 퀴어의 성 정체성 해체는 정치성의 해체가 아닙니다. 정체성의 해체는 많은 정치성을 안고 갑니다. 그것은 기존의 위계적인 이분법으로 설명할 수 없었던 다양한

성 정체성의 목소리에 힘을 실어 주고, 지면을 주고, 살만
한 삶 혹은 살기 좋은 삶을 도모할 수 있는 인식적·현실
적·법적인 힘을 실어줄 수 있습니다.

이성애 안에도 가학적 이성애, 피가학적 이성애, 페티
시, 포르노성애, 관음증 같은 비규범적 성애들이 다양하게
존재합니다. 그리고 이런 성애들은 규범에 들지 못한다는
이유로 변태 성욕이나 질병으로 매도되어 왔습니다. 그러
나 규범의 잣대 뒤로 한 걸음 물러나 생각해 보면, 합법적
범위 안에서 성인들의 상호 동의에 입각한 모든 성애는 개
인의 취향이고 개별 주체의 선택 문제입니다.

몸의 어떤 부분을 성애에 활용할 것인가에 따라 그
사람의 인간됨을 의심한다면 그것은 인간 성애에 관한 규
범 때문에 인간과 비인간, 혹은 덜된 인간을 구분하는 폭
력적 잣대가 됩니다. 퀴어가 저항하는 것은 이 부분입니다.
그것이 동성애이건 이성애이건, 여성의 정체성이건 남성의
정체성이건, 여성의 몸이건 남성의 몸이건 자신이 원하는
것을 극단까지 밀어붙이는 것은 개인의 자유라는 것입니
다. 물론 타인의 자유를 훼손하지 않는 한도 안에서 말입

니다.

그렇다면 우리는 우리를 둘러싼 많은 규정들, 즉 심리적 규제와 제도적 규정, 그리고 법적 제한에 대해 생각해 봐야 합니다. 만일 MTF 트랜스젠더가 동성애 혐오자인 이성애 남성들에게 집단 강간을 당했을 때, 법이 그녀에게 여성이라는 법적 지위를 부여하지 않아 단순 폭행 상해로 판결한다면 우리는 이 법이 합당한지 숙고해 볼 필요가 있습니다.

사회 공동체 안에서 합의이자 약속으로서의 법은 필요합니다. 그것은 사회 계약론에 근거한 근대 국가의 기본 토대이기도 합니다. 그러나 법이 제한된 규범에 입각해 개인의 삶을 오판하고 희생시킨다면 우리는 법의 폭력성에 대해서 고민해야 합니다. 그 법이 합당한지 어떤 방식으로 변화가 필요한지도 생각해야 합니다.

오늘날 현대 사회는 여전히 이성애 중심이고 혈연 가족 중심 사회입니다. 그러나 규범적 이성애나 혈연 가족의 테두리 안에서 살지 못하는 사람들에게도 인간다운 삶과 살기 좋은 삶은 꼭 필요합니다. 그래서 지금이 바로 다양

한 성애 경향이나 대안적 가족 구조에 대해서 함께 생각하
며 논의해야 할 시점인 것입니다.

4
성적 하층민은 없다

게일 루빈, 《일탈 *Deviations: A Gayle Rubin Reader*》

(현실문화, 2015)

게일 루빈Gayle Rubin, 1949~은 미국의 문화 인류학자이자 성 정치와 젠더 정치 활동가 및 이론가로 잘 알려져 있습니다. 루빈은 페미니즘, 사도마조히즘, 매춘, 소녀성애, 포르노, 레즈비언 문학 분야에서 많은 책을 저술했습니다. 그리고 현재는 미시간 대학에서 인류학, 여성학, 비교문학 교수로 재직하고 있습니다.

그녀를 유명하게 만든 '섹스/젠더 체계'라는 용어는 그녀가 만든 신조어입니다. 섹스/젠더 체계는 생물학적 섹슈얼리티를 인간 행위의 산물로 사회가 변형시키는 배열 집합을 의미합니다. 또한 젠더 중심 페미니스트들이 잘 다루지 않는 성 욕망이나 성 행위 논의를 구체화하고, 성인들의 상호 '합의'에 의한 것이라면 가죽옷과 가죽 채찍을 동반한 BDSM*도 정당한 섹슈얼리티라고 주장하는 실천적이고 급진적인 면도 있습니다.

루빈은 1970~80년대에 두 편의 논문 〈여성 거래〉(1975), 〈성을 사유하기〉(1982)로 유명해진 페미니스트이자 섹슈얼리티 연구자입니다. 그뿐만 아니라 실천적 활동면의 공헌도 지대했습니다. 그녀는 샌프란시스코 레즈비언 SM 단체인 사모아의 공동창시자이자 GLBT 역사학회, 가죽족 문서 보관서 및 박물관 창립 멤버이기도 합니다. 그녀는 사도마조히즘sadomasochism, 성 노동, 포르노그래피, LGBTQ** 등 섹슈얼리티 연구를 활발히 해 왔고, 2011년에 쓴 저서 《일탈》로

* Bondage, Discipline, Sadism, Masochism의 약자로 결박, 훈육, 가학, 피학을 즐기는 성애 경향과 실천을 말합니다.

** Lesbian, Gay, Bisexual, Transsexual, Queer의 약자로 이성애 규범적 성애를 벗어나는 다형적 성애 경향을 지칭합니다.

이듬해에 퀴어 인류학회 루스 베네딕트상을 수상했습니다.

남성들 사이에서
거래되는 '여성'

〈여성 거래〉는 섹스/젠더 체계가 여성의 거래를 낳는 다는 주장을 담고 있습니다. 루빈은 클로드 레비-스트로스Claude Levi-Strauss의 인류학과 마르크스의 유물론, 엥겔스의 여성 종속의 기원 논의를 끌어와서 "젠더는 사회적으로 강제된 성별 분업"이라고 설명합니다. 여성은 태어나면서부터 여성인 것이 아니라, 남성 교환 체계 안에서 남성 주체male giver 간의 교환 대상인 여성 선물female gift이 되면서 여성 젠더로 만들어진다는 것입니다.

노동력의 재생산은 여성의 가사노동에 달려 있고 자본주의 체계는 이런 여성 없이는 이윤 창출이 불가능한데도, 사회는 여성에게 자본에 접근할 기회를 주지 않는다고 비판합니다. 가부장제보다 섹스/젠더 체계가 근친애 금지라는 결혼의 문법을 통해 남성이 자기 부족의 여성을 다른 부족의 남성에게 넘기면서, 다른 남성 주체와 여성 대상을 거래해 왔다는 것입니다.

여성을 물품으로 거래하면 남성들 간에 동성 사회적 연대가 강화되고, 남성의 지배 권력은 공고해집니다. 반면 여성은 대상으로 전락하고, 타자화되거나 종속적 위치에 속박됩니다. 〈성을 사유하기〉는 사회 집단이 어떤 행위는 좋고 자연스러운 것으로, 또 어떤 행위는 나쁘고 부자연스러운 것으로 규정할 때 작동하는 가치 체계가 무엇인지를 질문합니다. 좋은 성/나쁜 성의 경계선을 그을 필요를 느끼는 것은 성적 질서와 혼돈 사이에서 특정한 성을 좋은 성으로 규정하고 싶을 때라는 것이지요. 이 논문은 다양한 성적 활동을 일탈이나 범죄로 간주하는 탄압의 역사를 밝히면서, 규범과는 다르지만 억압받을 이유가 없는 다양한 성애 논의로 성 정치와 섹슈얼리티 연구의 지평을 확장했다고 할 수 있습니다.

《일탈》은 루빈의 유일한 단독 저서이자 평생에 걸쳐 쓴 주요 저작을 모은 선집입니다. 앞서 논의한 〈여성 거래〉

와 〈성을 사유하기〉도 《일탈》의 1장과 5장에 해당됩니다. 이 책은 여성학과 퀴어 연구뿐 아니라 성 노동, 포르노, SM 에 지대한 영향을 미친 루빈의 평생의 연구 업적과 미국 현대사의 격렬한 섹슈얼리티 논쟁이 담겨 있습니다. 2012년 루빈은 기존에 출간했던 주요 글을 모아 집대성한 하나의 선집으로 책을 내면서 섹슈얼리티는 정치 영역 밖에 있지 않고, 그 무엇보다도 정치적이라는 사실을 역설합니다.

서론 〈섹스, 젠더, 정치〉에서 루빈은 자신의 청년기와 여성 운동에 관심을 갖게 된 계기, 자신의 주요 터전이었던 사우스캐롤라이나 주, 앤아버의 미시간 대학, 샌프란시스코의 활동 영역에 대해 개인사를 회고합니다. 루빈이 태어나고 자란 남부 지역은 인종 차별이 있고 보수적 경향이 강했습니다. 또 '백인 신교도 신정국가'●에 비유될 만큼 인종 차별과 종교 규범이 강한 곳이었습니다. 성별 규범도 강했습니다. 어린 시절에 물리학자나 우주비행사가 되고 싶다고 장래 희망을 말하면 대개 사람들이 의아해했다고

● 《일탈: 게일 루빈 선집》, 게일 루빈, 신혜수 외 역, 현실문화, 2015.

합니다. 여자가 아내나 어머니가 아닌 다른 직업을 왜 갖고 싶어 하냐는 반응인 것이죠.

한편 미시간 대학은 합리적이고 유능한 교수진과 진보적 대학 문화가 있던 곳이었습니다. 학문적으로는 젊은 과학자를 양성하는 프로그램을 다수 진행했고 문화적으로는 반전 운동, 신좌파, 대항문화 운동의 근원지였습니다. 〈여성 거래〉는 1970대 초반 미시간 대학에서의 경험이 만들어 준 것이었다고 합니다.

루빈은 1978년 샌프란시스코로 이사를 갔고 버클리에서 강의하면서 박사 학위에 필요한 현장 연구를 했습니다. 푸코의 《성의 역사》를 읽고 그 영향을 받아 당시 샌프란시스코 레즈비언 게이 역사 프로젝트에 참여하기도 했습니다. 이후 30년간 관련 자료를 수집, 집적, 보존하는 일을 하면서 보냅니다.

섹스는 정말 중요한 정치 이슈에 비해 주변적인 것으로 치부되지만 사실 성적 불안을 조종해 정치적으로 세력화하는 사례가 많이 있다고 주장하기도 합니다. 도덕과 가치의 이름으로 된 섹슈얼리티 갈등에서 진짜 중요한 것은 물질적, 문화적, 정서적 이해관계입니다. 그렇다면 섹스는 절대 주변적인 것이라고 할 수 없죠.

합의된 섹슈얼리티가 중요하다

푸코의 《성의 역사》 이후 가장 급진적인 성 이론 실천가로 알려진 루빈의 섹슈얼리티 논의에서 가장 핵심적인 것은 '합의'입니다. 성애 활동은 쾌락을 주기도 하지만 몸의 각부에 있는 성감대를 실험하는 모험이기 때문에 위험한 면도 있기 때문입니다. 자신의 몸을 통째 타인 앞에 던지는 이런 성 활동은 누구에게나 중대한 문제입니다.

그런데 성은 언제나 부차적인 것으로 간주되어 왔고 성적 쾌락은 종의 재생산에 기여하는 수단에 불과한 것으로 취급되어 왔지요. 기독교 전통은 쾌락 자체가 성 행위의 목적이 될 수 없다고 강조했습니다. 루빈은 섹슈얼리티에 문제에서 성을 단죄하고 단속하는 윤리적이고 종교적인 접근을 거부합니다. 자율적 주체의 성 과학이라는 관점에서 섹슈얼리티에 접근하고자 합니다.

성을 다시 사유해서 다형적 성이 하나의 단일한 성으로 구성되는 과정에 집중해 본다면, 이성애가 자연 질서라는 가정은 의심의 여지가 있습니다. 이성애는 어쩌면 하나의 강제적 장치입니다. 이성애 정상성은 언제나 성적 일탈자를 범죄화하거나 병리화해서 일탈의 경계선을 중심으로 성적 하층민들을 반복 생산해 왔기 때문입니다.

성을 다시 사유해 보고 이성애가 사회적으로 강요된 제도에 불과하다는 것을 깨닫게 되면, 그것이 규범적 성과 비규범적 성을 가르고 비규범적 성을 착취하고 차별하는 데 효과적으로 동원되어 왔다는 것도 알 수 있습니다. 지속가능한 불평등을 고착하는 데 있어 강제적 이성애 규범/자율적 일탈적 성애의 구분은 차별이 되면서 여러 사회적 인식성을 만든 것입니다.

E. L. 제임스E. L. James의 《그레이의 50가지 그림자Fifty Shades of Grey》는 억만장자 크리스턴 그레이와 대학을 막 졸업한 아나스타샤 스틸의 관능적 사랑을 그린 하드코어

SM 로맨스 소설입니다. 2012년 미국에서 1억 명 이상이 읽은 베스트셀러였고, 52개 언어로 번역되어 1억 5천만 부 이상이 판매되었습니다. 2017년에는 영화로 개봉되기도 했습니다. 쾌락과 위험으로 가득한 SM 포르노를 즐겨 보는 여성들이나, 가족보다 가죽이 중요한 BD 레즈비언의 욕망은 과연 범죄이거나 질병일까요? 어떤 일탈적 성도 타인에게 피해를 주지 않는다면, 즉 성인의 합의에 의한 것이라면 범죄화하거나 질병화할 수 없습니다. 오히려 그것은 자유의 확장으로 불리는 것이 맞습니다. 인간의 본질이 자유에 있다면 확장된 성애적 실험은 몸의 쾌락을 향한 자유의 확장 활동이라고도 할 수 있기 때문입니다.

《일탈》의 12장에는 주디스 버틀러의 루빈 인터뷰가 실려 있습니다. 루빈은 정신분석학을 '팔루스 엑스 마키나•'라고 지칭하면서 통렬히 비판하고, 사도마조히즘을 실제로 접해 보지도 않은 채 레오폴트 폰 자허마조흐Leopold von Sacher-Masoch의 《모피를 입은 비너스Venus in Furs》, 질 들뢰즈Gilles Deleuze의 《매저키즘》으로만 이해하는 것도 한계가 있다고 지적합니다.

여성의 우정 전체를 레즈비언이라고 부르는 것에도 부분적으로 반대합니다. 여성 친밀성과 연대는 중요하며 레즈비언의 성애적 열정이라는 특정 방식과 겹치는 부분이 있지만, 그렇다고 해서 동일한 구조는 아니라는 생각이지요.

마찬가지로 가죽이 항상 SM을 상징하는 것도 아닙니다. 가죽은 SM, 주먹성교fisting, 페티시즘을 즐기는 게이 남성 및 남성적이고 남성 파트너를 선호하는 게이 남성을 포함하는 넓은 범주라고 말합니다. 게이 남성 가죽 공동체 안에서는 이성애자나 레즈비언과는 다른, 일탈적이고 남성적인 특정 통일성이 있다는 것입니다.

여성의 우정, 레즈비언 성애, 게이 남성 가죽 공동체가 다르듯이 이성애자 SM, 게이 남성 SM, 레즈비언 SM도 조금씩 다릅니다. 이성애자 SM과 페티시즘의 이미지는 많은

● 엑스 마키나는 원래 데우스 엑스 마키나의 준말로 모든 상황을 마음대로 끌어내기 위한 절대적인 힘의 개입, 즉 신의 개입을 말합니다. 고대 드라마에서 급작스레 신이 나타나 작중 모든 문제를 해결하고 정당화한다는 뜻의 용어입니다. 그런데 정신분석학에서는 신 대신 음경의 불어 표현인 팔루스가 나타나 모든 것을 해결하는 절대적 힘으로 작용한다는 의미입니다.

여성적 상징주의에 의존합니다. 남성 이성애자 대상의 SM 에로티카는 대부분 여성 캐릭터나 소수의 여성화된 남성 캐릭터를 선호합니다. 여성적 여성과 여성화된 남성이라는 판타지 레즈비언 커플과 관계한다고 할 수 있지요.

이성애 남성에게는 섹시한 젊은 여성이 되고 싶다는 판타지가 많이 있습니다. 이성애자 SM에게 이런 여성적 이미지는 게이 남성 SM에 대한 남성적 이미지처럼 지배적 이지는 않습니다. 반면 실제 레즈비언 SM 사이에서 남성 적이거나 여성적인 스타일과 상징은 상당히 공평하게 분 배되어 있습니다. 따라서 섹슈얼리티와 젠더의 관계도 상 황에 따라 가변적으로 결정된다고 할 수 있습니다.

결혼 중심으로 강요되는
이성애 정상성에 반대하다

루빈은 변종이야말로 성을 포함하는 모든 삶의 근본 적 특질이라고 말합니다. 변종은 가치중립적인 생물학 용어이고, 변태는 누군가를 낙인찍는 사회 문화적 용어입니다. 변종과 변태는 '일탈'이라는 용어로 결합됩니다. 일탈은 부끄러운 것도, 혐오스러운 것도, 죄짓는 것도 아닙니다. 우리가 공간과 시간 속에서 변종하고 변태하고 일탈하기 때문입니다. 그것이 살아 있는 삶의 속성입니다. 살아서 변종과 변태와 일탈을 즐기는 것이 진짜 삶일 수도 있습니다.

얼마 전 롤리타 콤플렉스와 쇼타로 콤플렉스가 EBS 방송 프로그램 〈까칠남녀〉에서 논쟁의 중심이 된 적이 있습니다. 그러나 핵심은 콤플렉스로써의 소녀·소년 성애 욕망은 처벌 대상이 될 수 있지만, 롤리타 콘셉트나 쇼타로 콘셉트는 성인이 자신의 성적 취향을 위해 상업적 이미지를 구매하는 행위라서 다형적인 성의 한 양상으로 받아들여야 한다는 데 있습니다. 그것이 소년이라서 처벌하고 소녀라서 처벌하지 않는 것이 아닙니다. 성숙한 합의를 할 수 없는 아동은 소년이든 소녀든 보호해야 하고, 성인으로서의 다양한 쾌락을 지향하는 성적 취향은 존중해야 한다는 뜻이지요. 일탈을 꿈꾸는 다형적 성의 가능성은 언제나 열려 있습니다. 다만 그것은 성숙한 성인의 합의에 기초할 때 가능합니다.

클로징

지금까지 모니크 위티그, 주디스 버틀러, 애너매리 야고스, 게일 루빈의 논의를 살펴보았습니다. 이들은 여성의 출산과 모성성은 신화임을 밝히고, 섹스와 섹슈얼리티조차 사회 문화적 구성물임을 주장하며 퀴어 이론에 생산적 논쟁점을 던지고, 실제 추구하는 성애적 쾌락과 위험에 대해서 숙고합니다. 이들 논의는 섹스, 젠더, 섹슈얼리티에 걸쳐서 있고, 기본적으로는 타고나는 자연으로서의 본질은 없다고 말합니다. 또한 섹스, 젠더, 섹슈얼리티가 규범으로 확립되어 폭력적 기준이 되는 것을 반대합니다.

위티그는 "레즈비언은 여성이 아니다"라는 주장으로 이성애 규범 안의 남성과 여성을 다시 생각해 볼 것을 촉구합니다. 가부장제를 인정한다면 그 안의 여성은 가부장적 틀을 수용할 수밖에 없기 때문에 이를 벗어날 급진적 주체를 필요로 한 것입니다.

버틀러는 "섹스는 이미 언제나 젠더였다"고 주장합니다. 기존의 섹스, 젠더, 섹슈얼리티 문법이 아닌 모든 것이 사회 문화적으로 구성되는 후천적 결과물이라면 그 결과물을 만든 당대의 제도 규범과 규율 담론을 심문해야 한다고 주장합니다.

야고스는 레즈비언과 게이 운동의 역사에서 출발해 퀴어 이론을 정립하고자 합니다. 퀴어라는 용어가 가지는 정체성의 비고정성 때문에 촉발된 많은 실천적 쟁점들까지도 퀴어의 범위이자 앞으로 나아갈 열린 정치의 가능성이라고 봅니다. 퀴어의 다양성은 내부의 논쟁을 안고 있지만 동시에 그 사실 자체가 새로운 미래로 갈 동력이 될 수 있으므로 정체성의 해체는 정치성의 해체가 될 수 없습니다.

　　루빈은 페미니즘 이론에서 시작해서 섹슈얼리티 실천
의 장을 확장했습니다. 우리가 일탈이라고 부르는 것이 규
범에서 벗어나는 것이라면 일탈은 새로운 자유를 향한 인
간의 근원적 추구라고 보는 것이지요. 성숙한 성인의 합의
에 의한 모든 다형적 성애가 일탈이라는 이름으로 불릴지
라도 개인의 합당하고 정당한 행복 추구 행위라는 것입니
다. 오히려 규범의 이름으로 이를 병리화하고 범죄화하는
것이 문제입니다. 따라서 이제는 강요된 이성애를 비판적
으로 조망하고 다형적 성을 다시 사유할 때입니다.

　　이런 이론적 연구들은 섹스, 젠더, 섹슈얼리티에 걸쳐
져 있고 때로는 한쪽을 부각하기도 하고 때로는 각 요소
의 연대와 접점을 구성하기도 합니다. 중요한 것은 규범은
자연스러운 것도 당연한 것도 아니며, 오히려 당대의 인식
소가 만든 구성물이라는 깨달음입니다. 그러므로 규범에
저항하고 새로운 정체성의 확장을 추구하는 것이 성에 관
한 정당한 인식과 실천 활동이라고 할 수 있습니다.

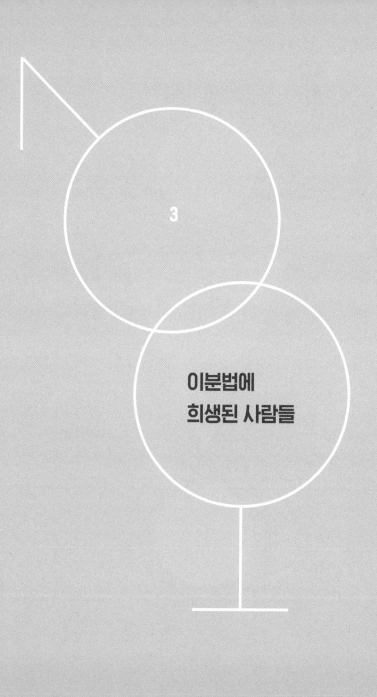

3

이분법에
희생된 사람들

인트로

이제 역사 속의 실존 인물에 대해 살펴보겠습니다. 에르퀼린 바르뱅 Herculine Barbin,1838~1868 은 19세기 중반의 프랑스인으로 30세에 자살로 생을 마감했습니다. 데이비드 라이머 David Reimer,1965~2004 는 20~21세기를 살았던 미국인으로 39세의 나이로 안타깝게도 스스로 생을 마감한 사람입니다. 20세기 미국에서 태어난 티나 브랜든 Teena Brandon, 1972~1993 은 이 세 사람 중에서도 가장 어린 나이인 21세에 비극적인 죽음을 맞았습니다.

이 세 사람의 공통점을 꼽으라면 먼저 공간적으로는 구 미권, 즉 유럽과 미국이라는 지리적 요건이 있습니다. 그리고 시간적으로는 20~30대의 나이에 유명을 달리해 짧은 삶을 살았다는 것입니다. 오늘날 현대인의 평균 수명이 약 80세 정도라고 하니까 반도 채우지 못했다고 할 수 있습니다. 이들이 이처럼 짧은 삶을 살 수밖에 없던 까닭은 무엇일까요?

어쩌면 그들의 몸, 심리, 욕망이 규범적이지 않다는 데 있을 것입니다. 바르뱅은 선천적이지만 2차 성징기에 발현된 인터섹스 혹은 허마프로다이트hermaphrodite였습니다. 라이머는 후천적 인터섹스이자 트랜스섹슈얼이었고, 브랜든은 생물학적으로는 여성이지만 자신을 남성과 동일시하는 트랜스젠더였습니다. 무엇보다도 이 셋은 모두 시스젠더가 아니라는 공통점이 있습니다.

또 이 인물들은 비규범적 성적 징후나 정체성 혹은 성애 경향 때문에 불행한 삶을 살았습니다. 타고난 성별과 자신이 추구한 젠더가 다르고, 규범적 이성애로는 성애적 만족을 얻기 어려운 복잡한 섹슈얼리티 속에 살았다고도 할 수 있을 것입니다. 바르뱅은 기존 의료 담론이 부과한 섹스나 섹슈얼리티 기준에 맞지 않는 사람이었습니다. 몸 자체에 남녀 모두의 성적 징후가 있었고 그런 상태의 섹슈얼리티는 이성애인지 동성애인지 구별하기조차 어려운 것이니까요. 라이머는 자기 의지에 반하는 부모님과 의료진이 부과한 섹스나 젠더에 따라 살기 싫었습니다. 브랜든은 자신에게 강제로 할당된 여성 젠더와 이성애 섹슈얼리티를 거부했습니다.

마지막으로 이들은 불행한 죽음을 맞았습니다. 바르뱅은 직장과 연인을 잃은 슬픔에 빠져 객지를 방황하다 자살했고, 라이머는 아내가 자신을 버릴지 모른다는 두려움에 스스로 목숨을 끊었습니다. 그리고 브랜든은 호모포비아의 희생 제물이 되어 믿었던 친구들에게 강간당하고 총격을 받아 비참하게 목숨을 잃었습니다.

정리하면 이 세 인물은 모두 짧은 생을 살았고 비규범적 삶을 살았으며 불행하게 죽었습니다. 에르퀼린 바르뱅, 데이비드 라이머, 티나 브랜든의 비극은 동성애 공포와 혐오라는 사회적 낙인이 개인에게 가할 수 있는 폭력과 피해에 대해서 생각하게 합니다. 19세기 파리는 말할 것도 없고, 21세기 미국에서도 여전히 성 소수자들에게 편견을 갖고 차별하는 현실을 여과 없이 드러냅니다.

1
한 몸에 두 개의 성은 존재할 수 없을까

에르퀼린 바르뱅, 《에르퀼린 바르뱅의 일기》

: 섹스와 섹슈얼리티, 또 다시 젠더의 경계에서

에르퀼린 바르뱅은 19세기에 실존했던 양성 인간입니다. 미셸 푸코가 그의 일기를 발견한 뒤 서문을 달아 편집 출간하면서 에르퀼린의 이야기가 주목받았습니다. 푸코는 《에르퀼린 바르뱅의 일기》의 서문에서 "우리가 진정으로 '진정한 성true sex'을 필요로 하는가"라는 질문을 합니다. 가난했지만 종교적으로 신실했던 가정 환경에서 당당한 여자로 자란 바르뱅은 처음에는 여자 이름인 알렉시나로 불렸고, 나중엔 '진정한' 남자 아벨로 인정받았습니다.

사법 절차를 통해 법적인 성을 변경하고 시민 신분을 정정한 후, 자신의 새 정체성을 부여받았지만 결국에는 적응하지 못하고 자살을 합니다.

중요한 것은 당시의 시대적 환경입니다. 1860~1870년대는 성 정체성 조사가 강력하게 시행되었는데, 양성구유자兩性具有者의 진정한 성을 확립하고 또 다른 유형의 도착을 규명하고 분류하고 특징화하기 위해서였습니다. 다시 말해서 이 조사는 개인 및 인종의 성적 비정상성 문제를 다루고 있습니다. 알렉시나는 자신의 새로운 정체성을 발견하고 확립한 이후의 삶에 관해 일기를 썼습니다. 남자로서의 '진정'하고 '확실'한 정체성 말입니다. 그러나 이 정체성의 발견은 완전히 밝혀진 성의 관점에서 이루어진 것은 아니었습니다.

바르뱅이 일기를 썼을 당시 그녀는 모든 것을 박탈당한 슬픔에 빠져 자살하려던 무렵이었습니다. 여전히 자신의 분명한 성 성체성을 확립할 수 없었고, 분명한 성이 누릴 기쁨은 이미 빼앗긴 상태였지요. 동성은 함께 살 수 있는 대상도, 사랑하거나 욕망할 수 있는 대상도 아니었습니다. 과거로 회상되는 것은 비정체성의 '행복한 중간지대happy limbo'인데, 그것은 차단되고 좁고 은밀한 사회의 보호를 받는 무성적 공간이었습니다. 역설적이게도 여수도원은 기묘한 행복이 있던 곳이고, 여성만의 의무와 금기의 공간이었습니다. '진정한 성'을 생산하는 것은 당대의 권력과 규범일 뿐입니다.

바르뱅이 어떤 삶을 살았는지 알아보겠습니다. 에르퀼린 바르뱅은 1838년 프랑스의 생 장 댕겔리에서 태어났습니다. 여자로 태어나 여자로 길러졌지요. 식구들은 그를 알렉시나라 불렀습니다. 가정 형편은 가난했지만 그녀는 장학금을 받아 우술린 수도원의 학교에서 교육을 받았습니다. 그녀는 1856년에 학업을 마치고 17세의 나이로 교사 교육을 받기 위해 르 샤또에 갑니다. 바르뱅은 사춘기 때 생리를 하지 않았고 가슴도 납작했지만 코 밑에는 콧수염이 자라고 있었습니다.

1857년 바르뱅은 여자학교 보조교사 자격을 획득했고, 사라라는 다른 여교사를 사랑하게 되었습니다. 옷을 입고 벗을 때 사라의 도움만 받고자 했고 목회 업무는 연인의 애무로 변하면서 둘은 연인이 되었습니다. 바르뱅과 사라가 연인이라는 소문이 돌던 어느 날, 바르뱅은 배에 극심한 통증을 느꼈습니다. 의사가 왕진을 했고 그 의사는 무언가에 놀라 바르뱅을 학교에서 내보낼 것을 요구했습니다. 바르뱅은 독신한 가톨릭 신자라서 라 로셸 주교에게 고해성사를 했고, 이후 의사가 그녀를 검진하게 되었습니다.

1860년 그녀를 검진한 의사 셰스네Dr. Chesnet는 바르뱅에게 작은 질과 함께 남성의 성적 특징인 작은 음경이 있고 몸 안쪽에 고환도 있다는 것을 발견했습니다. 이 일로 의료 검진과 공청회가 개최되었습니다. 결국 바르뱅은 법적으로 남성이라고 판결이 났고 이름도 아벨로 개명합니다. 사라의 집안에서는 참을 수 없는 불명예라며 사라와 아벨을 갈라놓았습니다. 바르뱅은 이제 법적으로 여성이 아니라서 여수도원에서 교사를 할 수도 없었습니다.

연인과 직업을 잃은 바르뱅은 상심했고, 파리로 가서 가난 속에서 자기 치유의 일환으로 일기를 썼습니다. 바르뱅은 일기에서 법적인 성별 변경 전의 삶을 쓸 때에는 자신을 여자로 기술했습니다. 또 자신은 벌을 받아 모든

권한을 박탈당했으며 터무니없는 재판에 굴복한 사람이
라고 했습니다. 결국 그는 1868년 에꼴 데 메데생 거리에
있는 집에서 시신으로 발견됩니다. 가스 스토브의 석탄
가스 흡입으로 인한 자살이었습니다.

무엇이 개인에게
성을 강요하는가

  푸코는 진정한 성은 없으며 바르뱅을 '비정체성의 행
복한 중간지대'라고 말했습니다. 모간 홈즈Morgan Holmes는
바르뱅의 글을 보면 그녀가 자신을 예외적이긴 하나 여
자라고 생각한다는 것을 보여 준다고 주장했습니다. 한
편 버틀러는 애초에 행복한 중간지대는 없다고 반박합니
다. 법적으로 남자라고 판결이 나기 전이라고 하더라도 그
가 사법적이고 규제적인 성의 범주가 주는 압력에서 벗어
나 자유로운 쾌락을 누렸다고 장담할 수 없다는 것입니
다. 버틀러는 행복한 회색지대의 목가적 쾌락이라는 푸코

의 해석은 잘못된 해석이라고 주장합니다. 행복한 중간지대의 쾌락은 언제나 이미 모호한 법 안에 들어와 있고, 오히려 저항의 이름으로 의미를 확증하는 법 때문에, 쾌락이 발생한다고 생각하기 때문입니다.•

그러나 여기서 중요한 것은 '진정한 성'도, '행복한 중간지대'도 아닙니다. 법 안에 있건 법 밖에 있건 섹슈얼리티를 생산한 뒤 그 생산 사실을 감추는 담론이 문제입니다. 담론은 용감하고 저항적인 섹슈얼리티를 기존 텍스트 바깥에 배치하므로, 새로운 섹슈얼리티는 담론을 위반하는 것처럼 보입니다. 그러나 사실 위반을 위해 담론 자체가 기정사실로 소환되기 때문에 섹슈얼리티조차 결국 담론의 효과로 만들어지는 생산물이라 할 수 있습니다. '진정한 성'이나 '행복한 중간지대'는 성 담론이 만든 이차적 효과이자 부차적 결과인 것입니다.

바르뱅의 몸은 당대의 의료 담론이나 사법 담론으로 해결할 수 없는 양가성의 기호입니다. 그것은 인터섹스도

• 《젠더 트러블》, 주디스 버틀러, 조현준 역, 문학동네, 2008, 270쪽.

아니고 양성구유도 아닙니다. 이런 양가성은 그녀의 성 경향에서도 발견됩니다. 수도원의 자매와 어머니에 대한 사랑은 무성적인 종교적 지향인 동시에 동성애적 경향도 될 수 있기 때문입니다. 남녀를 갈라놓고 여성끼리 모여 무성적 환경에서 신에 대한 사랑만을 추구하게 만들던 당대의 담론이 바르뱅을 무성적 신도인 동시에 여성 동성애자로 만들어 낸 것이지요. 바르뱅은 신실한 가톨릭 신자였으나 사라를 성애적으로 사랑했으므로 양가적 성향을 가지고 있다고 볼 수 있습니다.

바르뱅의 몸은 후천적 양성성을 보이고 섹슈얼리티는 무성애와 동성애의 경계에 있습니다. 그래서 바르뱅의 섹스와 섹슈얼리티는 둘 다 경계나 위반의 영역에 있습니다. 몸 자체가 규범적 이분법에 저항하고 있을뿐더러, 이성애와 레즈비언의 성애적 교환의 구분에 도전하는 섹스의 경계 위반이자 교차 섹슈얼리티인 것입니다. 그는 수녀원에서 어머니나 딸, 즉 원장 수녀님과 자매 교인에게 동성애적인 사랑을 느꼈지만, 이런 동성애에 대한 사회적 처벌은 죽음과도 같은 것이었습니다. 바르뱅에게 죽음은 일찍 돌아가서서 깊은 땅속에 묻혀 계신 아버지와의 동일시와도 연관됩니다.

죽음의 처벌이 따르는 동성애의 갈망은 아버지와의 남성적 동일시로 해석될 수 있습니다. 그에 따라 젠더 또한 경계선에 있습니다. 알렉시나가 사라와 첫 경험을 한 뒤 그는 남성적 소유와 승리의 언어를 외칩니다. "바로 그 순간부터, 사라는 내 것이었다." 반면, 의사에게 조롱당할지 모른다고 생각하는 웃음에는 당당함이 아닌 여성적 두려움이 가득합니다. 또 나중에 자신의 특이한 몸에 대한 해석을 내놓지 못하는 의사를 대할 때, 경멸하는 웃음을 지어 보이기도 합니다. 그리고 이는 남성적인 것으로 해석되기도 합니다.

한 몸에 존재하는
두 개의 성

정리하면 알렉시나와 아벨 사이의 에르퀼린 바르뱅

은 섹스와 섹슈얼리티의 측면에서 양가적 위치에 있으며 동성애적 섹슈얼리티는 죽음을 의미하는 아버지와의 남성적 동일시와 연관됩니다. 그의 섹스, 젠더, 섹슈얼리티는 모두 양가성과 양가적 구조를 보여 줍니다. 수녀원이라는 확대가족의 자매와 어머니에 대한 사랑은 남녀유별의 제도적 명령으로 인해 파생됩니다. 그리고 그 사랑이 동성애로 나갈 때에는 금기로 구성된 사랑이 되기도 합니다. 알렉시나/아벨의 섹슈얼리티는 법의 바깥에 있는 것이 아니라 법의 양가적 산물이라고 할 수 있습니다. 그 법이 금기하는 것은 정신분석학과 이성의 제도의 영역에 있는 개념입니다.

바르뱅은 법에 복종한 이후에 남성으로 거듭납니다. 이렇게 확정된 성 정체성은 유동성과 다원성을 닫으면서 개인의 직업도 빼앗고 연인도 빼앗아 한 사람의 불행을 초래합니다. 몸의 복잡함을 그냥 있는 그대로 두었더라면 바르뱅은 행복한 삶을 살았을지도 모릅니다. 누구도 삶의 터전과 사랑하는 사람을 잃고 행복하게 잘살 수는 없으니까요. 바르뱅의 삶을 무너뜨린 것은 바로 남자와 여자로 나눠야만 직성이 풀리는 당대의 의료 담론과 사법 담론입니다.

바르뱅의 다성적 담론은 섹스, 젠더, 섹슈얼리티에 기반해 사람이라는 개념의 가능성에 도전합니다. 바르뱅의 욕망은 사법적 법의 부여 이전에 있는 목가적 순수가 아닙니다. 그녀는 완전히 '남성 의미화 경제*'의 바깥에 있지도 않습니다. 그녀는 법의 외부에 있지만, 그 법이 자신 안에 외부를 안고 있기 때문입니다.

그런 의미에서 알렉시나/아벨/에르퀼린은 양가적 효과를 내는 법을 자신의 몸으로 구현합니다. 그/그녀의 몸은 어떤 타이틀을 가진 주체가 아니라 법의 반역을 생

● 모든 체계와 질서가 남성 중심적으로 형성되어 있다는 것을 의미합니다. 관념에 의미를 부여하는 모든 흐름이 남성적이라는 것입니다. 다시 말해 모든 의미화의 방식은 객관적이고 중립적인 것처럼 보이지만 사실은 남성적인 관점에서 이루어진다는 것이지요. 그래서 남성적인 것을 보편적인 것으로 일반화하면서 당연시하는 경향이 있습니다. 이런 의미화 방식은 부르주아/프롤레타리아 간의 수직적 경제 구조처럼 남성/여성 간의 지배/피지배 양식을 유비적으로 보여 준다고 생각하는 뤼스 이리가레의 관점을 의미합니다. 《젠더 트러블》, 주디스 버틀러, 조현준 역, 문학동네, 2008.

산하는 법의 기괴한 역량 때문에 만들어진 증거물입니다. 간성적이고 양성적인 몸, 혹은 무성적이면서 동성애적인 욕망 자체가 법의 이중성을 체현하는 것입니다. 여성/남성, 여성성/남성성, 동성애/이성애라는 확실하고 고정된 법을 따르려는 충직한 의지는 이런 모반으로 좌절되고, 법에 복종하여 법을 반복해 온 주체들의 이중성까지 되돌아보게 만듭니다. 알렉시나와 아벨, 그리고 에르퀼린이라는 세 개의 이름을 가진 양성 인간 바르뱅은 섹스와 섹슈얼리티의 경계에 있으며 젠더 위반의 양상을 보여 주는 사례가 됩니다.

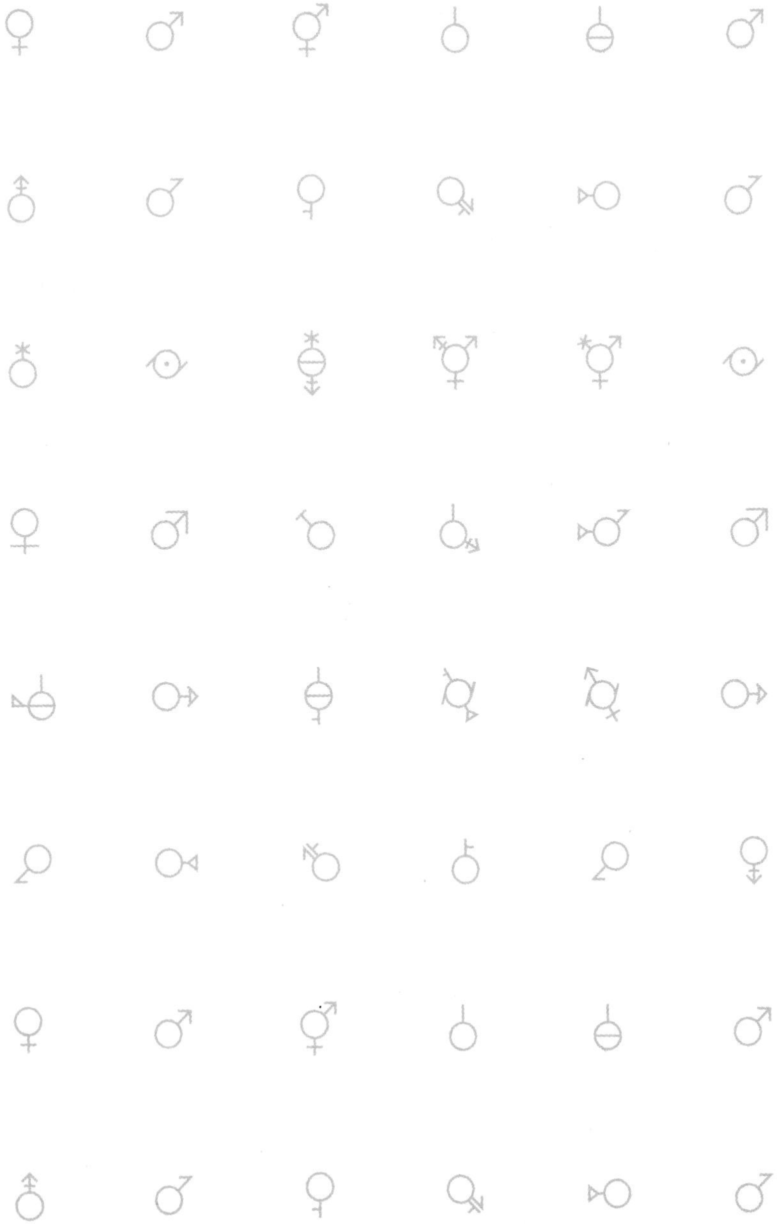

2
남성에서 여성으로 그리고 다시 남성으로

데이비드 라이머,《이상한 나라의 브렌다

As Nature Made Him: The Boy Who was Raised as a Girl》

: 섹스와 젠더의 경계에서

데이비드 라이머는 이름이 세 개입니다. 원래 태어날 때는 브루스였고 2살 경에는 브렌다, 14살에는 데이비드가 됩니다. 남자로 태어났는데 여자가 되었다가 다시 남자가 된 것이지요. 그는 1965년 8월 22일 캐나다 매니토바주의 위니펙에서 태어난 일란성 쌍둥이 형제 중에서 형이었습니다. 그때 12분 먼저 태어난 형이 브루스였고 동생이 브라이언이었습니다.

그런데 생후 7개월경에 그들의 부모는 두 아이가 성

기 포피 끝부분이 막혀 배뇨 장애로 고통받는 것을 알게 되었습니다. 얼마 후에 브루스는 세인트 보니페이스 병원에서 포경 수술을 받게 되었습니다. 하지만 수술을 집도하던 의사가 전기 소작기를 조작하다가 실수하는 바람에 음경이 거의 다 타 버렸습니다. 그 사고에 놀라서 동생 브라이언의 수술은 취소되었습니다.

당시 20대 초반의 젊은 부부였던 론과 재닛 라이머는 당황했습니다. 남자로 살아가면서 연애하고 결혼을 해서 자식도 낳고 살아야 할 아들의 앞날이 너무나 걱정스러웠습니다. 1967년 2월 부모님은 우연히 텔레비전의 시사 프로그램 〈채널 고정 이 시간〉을 보다가 당시 40대 후반이던 존스 홉킨스 병원의 심리학자 존 머니 박사의 부드러운 카리스마에 매혹됩니다. 이후 박사의 설득으로 브루스를 여성으로 성전환을 해 주기로 결심합니다. 브루스는 머니 박사에게 정기 검진과 수술을 받아가면서 이름도 브렌다로 바꿉니다.

청소년기의 브렌다는 여성 정체성을 받아들이지 못해 고통을 겪다가 14세에 자신이 원래 남자였다는 것을 알게

됩니다. 그때 내분비학자 밀튼 다이아몬드 박사를 만나게
되고 브렌다는 남성으로 되돌아가기로 결심합니다. 그래
서 머니 박사의 유방 확대술과 질 완성 수술을 거부합니
다. 이름도 데이비드로 바꿉니다. 남성이 되기 위해 유사성
기 이식 수술도 진행됩니다. 남자로 태어났는데 여자가 되
었다가 다시 남자가 되는 과정을 밟은 것입니다.

강요된 성 교정 수술을
적극적으로 거부하다

그 당시에는 선천적으로 음경이 작거나 간성으로 태
어난 유아를 강제로 여성으로 성전환하는 이런 수술을
'성 교정 수술'이라고 불렀습니다. 부모와 담당 의사의 결
정으로 성 교정 수술을 받았던 데이비드는 다시 남성으로
돌아온 뒤에 이런 수술을 반대하는 운동을 합니다. 본인
의사와 무관하게 외부의 의지로 행해지는 강제적인 성 교
정 수술과 성 정체성 결정 행위에 저항하기 위해서입니다.

여성으로 전환하건 남성으로 전환하건 간에 무엇보다 중요한 것은 수술 당사자의 의사와 의지이기 때문입니다.

브루스/브렌다/데이비드는 후천적이고 외부적인 이유로 두 번의 성전환을 한 트랜스섹슈얼입니다. 한 인간의 성 정체성과 미래가 달린 수술에는 포경 수술 집도의의 실수 외에도 머니 박사와 다이아몬드 박사의 수술이 중요한 역할을 합니다. 브루스를 브렌다로 바꾸면서 머니 박사는 후천적 성 구성론자로서 명성을 떨치고, 1997년에는 금세기 최고의 성 전문가라는 찬사를 받습니다. 그러다 1997년 봄에 하와이 대학교 생물학자인 밀턴 다이아몬드와 브리티시컬럼비아 주 빅토리아의 정신과 의사 키스 시그먼드슨이 의학 전문지 《소아 청소년 의학 아카이브》에 데이비드 관련 글을 기고하면서 상황은 역전됩니다. 이 글로 데이비드가 강요된 여성 정체성에 반발해 왔던 이야기, 유전자와 염색체가 정한 원래의 성으로 돌아가기로 결심한 과정이 드러납니다. 그래서 머니 박사의 연구는 실패로 입증되고 다이아몬드 박사의 이론이 힘을 얻게 됩니다.

브렌다는 머니 박사에게 고환 제거 수술, 예비 질 수

술을 받았고 장기간에 걸쳐 여성 호르몬을 투약받았습니다. 동시에 그는 태어난 뒤 14년 가량을 여성으로 교육받았습니다. 그러나 데이비드가 되기로 결심한 이후부터는 다이아몬드 박사에게 음경 재건 수술, 유방 절제 수술을 받고 남성 호르몬을 투약받았습니다. 여성이 될 때에는 자신의 의지와 무관한 외부의 결정이 작용했지만 다시 남성이 될 때에는 자신의 의지가 작동합니다. 두 번의 성전환 수술은 한 번은 타의로, 한 번은 자의로 이루어진 것입니다.

머니 박사의 성전환 진료와 상담 과정 중에서 브렌다는 불편한 감정을 느꼈지만 너무 어려서 그 마음을 정확히 표현할 수 없었습니다. 또한 그럴 환경도 아니었습니다. 그는 말합니다. "내가 남자라는 걸 알았지만 인정하고 싶지 않았어요. 문제를 일으키고 싶지 않았거든요."

또 이렇게도 말합니다. "당연히 그래야 하는 모습과 내가 얼마나 다르게 느끼는지, 실제로도 얼마나 다른지 알기 시작했어요." "나한테 주어졌던 그 따위 장난감도 좋아하지 않았어요." 인간의 모든 가치가 성기로 판단된다는 데 브렌다/데이비드는 동의하지 않았습니다. "내 가치가 내 다리 사이에 있는 것 때문에 정당화된다면 나는 완전한 실패자겠죠."[*]

이 모든 과정은 데이비드에게 고통스럽고 힘겨웠습니다. "세뇌당한 거나 다름없어요. 최면으로 과거를 모두 지울 수만 있다면 뭘 줘도 아깝지 않겠어요. 일종의 고문이었거든요. 정신적인 상처에 비하면 육체적인 상처는 아무것도 아니죠. 게다가 머릿속에서 벌어지는 전쟁은 또 어떻고요."[**]

데이비드의 육체적인 상처는 의료 사고를 낸 의사의 실수와 관습적 사고에 순응하던 20대 부모의 섣부른 선택 때문이기도 했습니다. 그러나 그를 오랫동안 괴롭힌 정신적 상처나 머릿속의 전쟁은 무엇보다도 최초의 성전환 수술 과정에 본인의 의지가 전혀 반영되어 있지 않다는 사실에 있습니다.

[*] 《젠더 허물기》, 주디스 버틀러, 조현준 역, 문학과지성사, 2015, 3장.
[**] 《이상한 나라의 브렌다》, 존 콜라핀토, 이은선 역, 알마, 2014, 11쪽.

또 선천이냐 후천이냐, 유전이냐 환경이냐, 생물학이냐 양육성이냐를 놓고 벌인 머니 박사와 다이아몬드 박사의 논쟁 때문에 빚어진 것이기도 합니다. 어떤 면에서는 매체의 주목으로 계속되는 고통스러운 과거의 반복 체험 때문이기도 하지요.

성전환 수술에서 가장 중요한 것은 당사자 본인의 의사와 의지입니다. 본인이 바라는 것과 무관한 관습의 힘, 부모의 선택, 의료 관행, 학설 입증을 목표로 한 성전환의 모든 과정과 절차는 실제 당사자의 몸과 정신에 돌이킬 수 없는 폭력이 될 수 있습니다. 그것이 데이비드가 실제로 겪은 몸과 마음의 전쟁입니다. 의사, 부모, 박사들의 판단에 자신을 맡긴 결과이지요.

지워지지 않는
성 교정 수술의 폭력

그는 남자로 다시 성전환한 후 제인이라는 여성을 만

나 결혼을 하고 자녀 세 명을 입양했습니다. 남편이자 아 버지이자 가장으로서 당당히 살았습니다. 행복한 시절이 었습니다. 〈오프라 윈프리 쇼〉, 〈굿모닝 아메리카〉, 〈데이 트라인 NBC〉를 비롯한 텔레비전 방송 프로그램과 각종 라디오 방송에 출연해 세간의 화제가 되기도 했습니다. 언 론의 관심이 부담스러웠지만 진실을 알리고 세상을 바꾸 는 유일한 방법이라고 생각했기 때문에 쇄도하는 인터뷰 에 성실하게 응했습니다. 그러나 인터뷰가 상기시키는 정 신적 고통은 데이비드뿐 아니라 동생 브라이언까지 괴롭 혔습니다.

데이비드 사건이 뉴스 전면을 장식하자 그간 가족이 겪어 온 고통이 되살아났습니다. 동생 브라이언은 알코올 에 의존하면서 직장과 아내 그리고 자녀 양육권마저 잃 게 됩니다. 경제적 지원을 해 주지 않는 형을 원망하기도 합니다. 그러던 중 동생 브라이언이 2002년 봄, 자신의 아 파트에서 시신으로 발견됩니다. 항우울제를 술과 섞어 마 신 것이 원인이었습니다. 브라이언이 사망할 무렵 두 형제 의 사이가 나쁘긴 했지만, 원래도 이 쌍둥이 형제는 형제

간 경쟁이 심했습니다. 데이비드는 항상 동생의 온전한 성기가 부러웠고, 브라이언은 데이비드에게 쏠린 언론의 관심을 질투했습니다. 둘은 격렬히 싸우다가도 곧 화해하곤 했습니다. 그러나 동생이 죽은 후에는 이 모든 걸 만회할 기회가 없어진 것이지요.

데이비드에게는 동생의 죽음 외에도 직장 문제가 있었습니다. 데이비드는 도축장 잡역부로 일했는데 보수가 좋아 월급으로 가족을 부양한다는 자긍심도 있었고 직장 동료들과의 유대감도 좋았습니다. 하지만 도축장이 문을 닫자 실직했고 이후에는 제대로 된 직장을 구하지 못했습니다. 그래도 책의 인세 수입과 영화 계약금 등이 상당해서 다행히 생계를 걱정할 필요는 없었습니다. 그러나 그 돈으로 공장용 자판기와 골프장 투자 사업 등에 손을 댔다가 사기를 당했고 그로 인해 절망과 과절을 맛보게 됩니다.

무엇보다도 데이비드를 괴롭힌 것은 아내에 대한 집착이었습니다. 그는 제인에게 욕망과 공포를 동시에 갖고 있었습니다. 소유욕이 지나쳐 헤어지는 것에 대한 두려움이 많았던 것입니다. 그는 제인을 전업주부로서 자신에게만 의존하게 만들었고, 생활비를 조금씩 나눠서 지급하는 방식으로 아내를 통제하려고 했습니다. 그런데 결혼 생활이 끝나기 2년 전에 아내 제인이 인근 공장에 취업하고, 체중 감량을 하면서 상황이 변합니다. 제인이 경제적, 심리적으로 자립하는 것을 보고 데이비드는 점점 더 두려움을 느꼈습니다. 2004년 5월 4일 골프장 투자로 65,000달러를 날려 실망했으니 잠시 별거하자고 제인이 제안합니다. 바로 그다음 날, 데이비드는 열패감에서 헤어나지 못하고 자신의 차 안에서 권총으로 자살을 하고 맙니다.

섹스와 젠더 경계에서
벗어난다는 것

버틀러는 《젠더 허물기》에서 현재 미국 의료계에서 행해지는 성 교정 수술이 사실상 전통적인 성 규범이 행하는 폭력이자 유명 의사의 의료 업적 달성을 위한 도구일 뿐이라고 말하며 인터섹스 당사자의 언어, 욕망, 의지에 대한 진지한 관심이나 고민을 부차적인 것으로 다룬다고 비판합니다.

실제로 브루스/브렌다/데이비드는 남성 유전자를 갖고 태어났지만 의사의 의료 실수로 성기를 훼손당하고, 그 이후 후천적 구성론을 입증하고자 여성으로 살도록 교육받고 여성의 몸으로 '교정'됩니다. 그러다가 남성이 되기로 결심한 후에는 다시 선천적 결정론을 입증하려는 증거로 활용됩니다.

이 사례는 정상적인 몸을 가진 쌍둥이 동생이 있었기에 대조군이 분명했고, 그 덕분에 의학계에서 비상한 관심이 몰렸습니다. 데이비드/브렌다는 존/조앤의 사례로도 불리기도 합니다. 앞서 말했듯이 각각 후천적 양육 환경/선천적 유전자의 중요성을 주장하는 존 머니 박사와 밀튼 다이아몬드 박사의 의료 논쟁에서 활용되기도 했습니다. 데이비드/브렌다 사례는 성에 대한 후천적 구성론/생물학적 결정론의 범례가 되는 듯 보였지만 사실 라이머는 어느 한쪽을 확실히 지지하지 못했습니다. 오히려 본인의 동의 없는 섣부른 수술이 가져오는 폐해를 입증했다고 할 수 있습니다. 아마 이 부분이 뒤에 나올 영화 〈대니쉬 걸〉에서 에이나르가 받은 수술과의 결정적 차이일 것입니다. 에이나르는 스스로 여자가 되고자 했지만 데이비드는 부모와 담당의사의 결정으로 여자가 되었습니다. 본인의 의사와 의지의 반영이 없는 의료 관행, 사회적 고정관념, 학술적 의료 공방은 폭력일 뿐이기 때문입니다.

'여성이냐 혹은 남성이냐'라는 것은 개인의 정체성 구성에서 매우 중요합니다. 그런데 데이비드의 사례는 개인의 삶을 구성하는 가장 핵심적인 부분조차 인식론적 규범에서 자유롭지 못하다는 것을 보여 줍니다. 남자였다가 여자였다가 다시 남자가 된 데이비드를 지금의 규범적이고 이분법적인 인식론으로는 한 단어로 설명할 수가 없습니다. 어쩌면 그를 설명할 말이 없어서 그 누구라고 말할 수 없고, 어떤 범주에도 들지 않는 익명의 인간이라고 할 수 있을 것입니다. 이런 익명의 인간은 인간의 조건이라는 것이 현재의 제도와 규범으로 설명될 수 없는 미래로 열린 것이라고 말해 주기도 합니다.

데이비드는 1993년 초 다이아몬드와 시그먼드슨의 논문을 위해 난생 처음으로 인터뷰를 허락하고 〈롤링 스톤즈〉 기자인 존 콜라핀토와 인터뷰하면서 수치심과 비밀의 그늘에서 벗어나기 시작했습니다. 28세가 되어서야 겨우 자신의 의지로 인터뷰에 응하고, 당당히 자신을 찾기 시작한 것이지요. 장장 12개월에 걸쳐 100시간에 달하는 인터뷰 과정은 자신의 성을 부정하고 지워 가며 살았던 지난 15년을 재건하는 작업이기도 했습니다. 이 인터뷰는 2000년 콜라핀토가 쓴 책으로 출간되었고, 국내에는 2014년 《이상한 나라의 브렌다》로 번역되어 출간되었습니다.

브루스/브렌다/데이비드는 섹스와 젠더의 경계에 있습니다. 그는 남자로 몸으로 태어났다가 여자가 되었다가 다시 남자가 됩니다. 따라서 여성성을 습득하려고 노력하다가 다시 남성성을 회복하는 여정으로 설명할 수 있습니다. 그러나 제인을 사랑했던 데이비드의 성애 경향은 이성애라 할 수 있습니다. 그는 아내를 사랑했고 그 사랑에 집착하며 아내를 잃으면 모든 것을 잃을 거라는 공포에 떨었습니다. 데이비드는 섹스와 젠더의 경계에 있는 사람, 자신의 섹스와 젠더를 외부의 관점으로부터 강요받다가 마침내 스스로의 선택과 결정으로 되돌아온 사람이라고 할 수 있습니다.

3
이성애와 동성애를 명확히 나눌 수 있을까

티나 브랜든, 〈소년은 울지 않는다 Boys Don't Cry〉

: 젠더와 섹슈얼리티의 경계에서

20세기 말 트랜스젠더들은 기독교가 강한 보수적 미국 사회에서 폭력과 살해 위협에 시달렸습니다. 티나 브랜든은 1972년 미국 중북부 네브라스카 주 오마하에서 태어난 여자아이였습니다. 그녀는 말괄량이였으며 남장을 즐겼고 자신이 양성구유자라고 주장했습니다. 그러나 법적 성별 정정은 물론이고 호르몬 요법이나 외과 수술을 받은 적이 없습니다.

아버지 패트릭과 엄마 조안 사이에서 태어난 두 딸 중

에서 막내였지만 아버지는 그녀가 태어나기 전에 돌아가셨고, 세 살 위 언니인 태미와 함께 외할머니 손에 자랍니다. 어머니는 이혼 후 재혼했지만 새 남편이 알코올 중독자여서 또 다시 이혼을 합니다. 브랜든은 불우하고 불안정한 가정 환경에서 자라야만 했습니다. 게다가 친척 아저씨에게 10때 초반까지 지속적으로 성폭행을 당했습니다.

브랜든은 동성애에 적대적인 기독교 교회를 거부했습니다. 또 학교 복장 규정을 따르지 않고 남장을 고집하다가 고등학교 졸업을 며칠 앞둔 1991년에 퇴학 통보를 받습니다. 그 후 1992년에 절도죄로 도망을 다니다가 폴스시티로 피신했는데, 이 연고 없는 새로운 곳에서 남자로 자리를 잡습니다. 미혼모 리사 램버트의 집에 함께 살면서 리사의 친구 라나 티스델, 한 살 많았던 전과자 존 로터, 존 로터의 친구 톰 니센과 마빈 토마스와도 친해집니다.

1993년 티나 브랜든은 수표 위조 혐의로 감옥에 갇히게 되었는데, 이때 라나가 보석금을 내주면서 그녀가 여성 죄수로 분류된 것을 알게 됩니다. 브랜든은 자신이 양성 육체를 갖고 있으며 수술을 받아 완전한 남성으로 살 수 있게 될 것이라고 말해 위기를 넘깁니다. 며칠 뒤 성탄 전야 파티 도중에 브랜든은 존과 톰에게 붙잡혀 라나 앞에서 바지가 벗겨지는 수모를 당합니다.

이후 둘은 브랜든을 폭행하고 강제로 차에 신고서 인근에 있는 육류 포장 공장 옆 지역으로 끌고 가 그녀를 성폭행했습니다. 그리고 신고하면 죽이겠다고 협박한 뒤에 범행 흔적을 지우고자 톰의 집에서 샤워를 하라고 지시합니다. 브랜든은 기지를 발휘해 욕실 창문으로 간신히 탈출에 성공합니다. 곧장 응급실로 가서 성폭행 흔적을 채취하고 경찰에 신고했지만 관리 소홀로 증거물이 유실되고 맙니다. 한편 경찰 조사 담당자인 찰스 록스 보안관은 사건 자체보다는 브랜든의 성 정체성에 더 큰 관심을 보이며 사건 조사에 소극적으로 임합니다.

성폭행 사실을 발설하지 말라는 자신들의 경고를 무시했다는 이유로 분개한 존과 톰은 브랜든을 찾아다니다가 경찰 조사에 소환되지만 경찰은 증거 불충분을 이유로 두 사람을 풀어 줍니다. 풀려난 이들은 1993년 12월 31일 새벽 총과 칼로 무장을 하고 리사 램버트의 집을 찾아가

침대 밑에 숨어 있는 브랜든을 찾아냅니다. 다른 사람도 내놓으라는 협박에 라나 여동생의 남자 친구 필립 디바인, 리사까지 총에 맞아 사망합니다. 브랜든은 사망 확인을 위해 총격 이후에도 수차례 칼에 찔립니다.

사건 직후 톰은 형량을 줄이기 위해 존을 살인죄로 고발하고, 둘은 법정에서 서로의 진술이 위증이라고 다툽니다. 결국 존 로터는 사형, 톰 니센은 가석방 없는 종신형을 선고받습니다. 브랜든의 엄마는 딸의 죽음에 대한 보안관의 책임을 물어 국가로부터 브랜든의 장례식, 정신과 치료비 등을 보상받고 이후 브랜든은 링컨으로 돌아와 묻힙니다. 이는 호모포비아의 반영이자 특정 인종이나 성애 경향에 대한 혐오에서 비롯되는 증오 범죄로 미국 사회에 경종을 울린 사건이었습니다.

이 사건은 아프로디테 존스의 책 《그 여자가 바란 것*All She Wanted*》, 구겐하임 미술관의 설치물 〈브랜든〉, 다큐멘터리 영화 〈브랜든 티나 이야기〉로 매체의 주목을 받았습니다.˙ 1999년에는 〈소년은 울지 않는다〉로 영화화되었습니다. 실제 사건과 영화는 몇 가지 차이가 있습니다. 리사 램버트는 캔디스로 이름이 바뀝니다. 흑인 필립 디바인은 영화에 등장하지 않고요. 강간 당시 브랜든도 생물학적 처녀로 재현됩니다. 무엇보다도 라나 티스델은 남자를 사랑하는 이성애자였는데 영화 속에서는 레즈비언의 경계에 있는 것처럼 그려집니다. 그녀는 자신이 레즈비언이 아닌데 영화는 자신을 레즈비언으로 재현했다고 항변하기도 했습니다.

나머지 차이점은 크지 않습니다. 영화 속에서 브랜든은 얼핏 봐도 남자로 보입니다. 술집에서 여자를 희롱하고 남자에게 주먹을 휘두르며 터프한 남자들과 어울려 다니며 술 마시고 담배 피우며 고속 질주를 즐기니까요. 당시 미국 중부의 소도시 폴스 시티는 편협한 전통적인 가치를 고수해서 동성애 혐오가 심했습니다. 특히 브랜든에게 라나를 뺏긴 존은 질투에 불탔는데, 브랜든이 여자라는 사실을 알게 되자 더욱 잔인하게 복수합니다. 이후 상황도 유사합니다. 옷을 벗겨 모욕을 주고 집단 강간을 하고 구타를 비롯한 폭행을 가한 후에 살해합니다.

- 《트랜스젠더의 역사》, 수잔 스트라이커, 제이, 루인 역, 이매진, 2016, 218쪽.

소년은
울지 않는다

미국에서 1993년에 실제로 발생한 이 사건은 1999년 개봉한 영화 〈소년은 울지 않는다〉를 통해 대중적으로 알려졌습니다. 이제는 영화적 서사를 통해 접근해 보겠습니다. 당시 영화는 엄청난 관심과 기대를 모았고, 티나 브랜든을 연기했던 힐러리 스웽크는 아카데미 여우주연상을 수상했습니다. 퀴어 영화 최초의 아카데미 수상작이기도 합니다.

영화에서 네브라스카 주의 링컨시에 사는 티나 브랜든은 절도 혐의로 수배 중인데 수배를 피해 도망다니다가 머리를 자르고 남장을 합니다. 남장을 하고 들린 술집에서 치한에게 놀림 당하던 캔디스라는 여자를 도와주고, 그 인연으로 브랜든은 캔디스의 집에서 그녀의 친구들과 어울립니다. 새로운 공간 폴스 시티에서 보이시한 매력을 가진 브랜든은 완전히 새로운 삶을 시작한 것입니다.

브랜든으로서 그는 그곳에서 친구들과 자유롭게 몰

려다니며 트럭 로데오를 즐기고 남자들의 거친 우정을 쌓아갑니다. 지금껏 억압했던 남성으로서의 정체성을 마음껏 분출하고 여자 친구 라나도 사귀면서 행복한 시간을 보냅니다. 함께 몰려다니던 어느 날 밤 브랜든은 과속에 걸려 경찰의 단속을 받고, 그 자리에서 제시된 면허증 때문에 여자라는 사실이 들통납니다. 라나를 좋아해 질투하던 존은 톰과 함께 브랜든을 친구들 앞에 발가벗깁니다. 증오심과 복수심은 악화일로로 치달아 집단 성폭행과 구타 그리고 살인으로 이어집니다.

브랜든은 아버지는 멤피스에 있고 어머니는 할리우드에 있다고 거짓말하며 탈주를 꿈꾸고 성을 이름으로 바꾸어 새로운 곳, 새로운 정체성, 새로운 애인, 새로운 가족 속에서 환상적인 만족을 꿈꾸었습니다. 새 공간, 자아, 사랑, 가족을 찾는 브랜든의 여정은 폭주족의 스피드처럼 힘차게 내달립니다.

그러나 드넓게 펼쳐진 미국 중부의 풍광과 대비되는 지방 소도시의 제한된 인식과 편협한 규범은 그 제한과 규제로 인해 잔인한 비극을 부릅니다. 어쩌면 자기보다 강한 남자도 아닌 여자에게 자신의 연인을 빼앗겼다는 질투와 분노가 걷잡을 수 없이 커져 호모포비아와 복합 강화 작용을 한 것 일지도 모릅니다.

이제 현실과 영화의 차이를 중심으로 논의해 보겠습니다. 이름이 바뀌거나 영화의 전개상 인물 하나가 영화에 등장하지 않다거나, 희생당한 사람 수, 티나의 법적 성별을 알게 된 계기, 혹은 강간당하기 전에 티나가 생물학적 처녀였는지 작은 성폭행의 희생자였는지는 그리 중요하지 않습니다. 다만 라나 티스델이 자신은 영화와 달리 이성애자이고, 브랜든이 남자이며 남자의 몸이 될 것이라는 전제하에 브랜든을 사랑했다는 점은 큰 차이점입니다. 따라서 라나와 브랜든의 사랑을 현실과 영화로 나누어 살펴볼 필요가 있습니다.

라나가 살았던 미국 중부의 소도시는 남녀가 유별하고 인종 차별도 남아 있던 곳이었습니다. 라나는 브랜든을 사랑했지만 1990년대 초반 그녀를 둘러싼 젠더 규범이나 이성애 중심성에 저항할 용기는 없었습니다. 오히려 자신을 레즈비언으로 구현한 영화에 대해 항의를 할 정도로 라나는 이성애 규범 안에 있다고 할 수 있습니다.

　그에 비하면 영화는 좀 더 급진적이고 퀴어적입니다. "내게 나만큼 중요한 사람이 있다면 내가 사랑하는 사람이 겠지요." 브랜든은 바에서 노래를 부르는 라나에게 마음을 빼앗기고, 둘은 서로에게 빠져 어느 달빛 가득한 밤에 풀밭에서 멋지게 사랑을 나눕니다. 둘은 마음이 통했고 라나와 멋진 성애적 사랑을 나누는 순간에 (딜도를 사용했던) 브랜든은 남자였고, 라나는 이성애에 완벽하게 만족합니다.

　브랜든은 좀 더 복잡했습니다. 그는 처음엔 남장을 한 것뿐이었지만 곧이어 남자라고 생각했고 남자를 성애적으로 사랑하는 라나에게 남자이고 싶었습니다. 호르몬 요법이나 외과 수술을 접한 적은 아직 없었지만요.

네가 남자이든
여자이든 상관없어

라나는 브랜든이 여자라는 사실을 알고 난 이후에도

변함없이 브랜든을 사랑합니다. 차량절도죄로 폴스 시티 여성 감옥에 투옥된 브랜든을 위해 보석금을 내주려고 간 라나에게 브랜든은 자신이 '성 정체성 위기'를 겪고 있다고 말합니다. 라나는 상관없다고 생각합니다. 그것이 어떤 이름이건 중요한 것은 내 앞의 연인이기 때문입니다. 마지막에 가서 라나는 브랜든의 여성인 몸을 모두 알게 되고 가슴을 압박하던 붕대를 풀고도 두 사람은 행복한 성애를 나눕니다. 두 사람이 함께 그곳을 떠나 브랜든의 고향에서 새 출발을 할 생각도 하지요.

영화나 현실이나 티나 브랜든의 섹스는 여성이지만 젠더는 남성입니다. 하지만 브랜든의 사랑을 동성애라고 단정하기는 어렵습니다. 이 사랑은 브랜든이 남성일 때도 그리고 여성임이 밝혀진 이후에도 지속되었으니까요. 그리고 이성애든 동성애든 많은 사람들의 성애적 사랑에는 환상이 수반됩니다. 환상은 욕망을 가속화하고 구체화해 만족을 높이는 데 기여하니까요. 브랜든과 라나의 사랑은 이성애와 동성애를 오가는 환상적 복합물이라서 하나로 정의하기가 어렵습니다. 어쩌면 이런 것이 바로 정체성을 거부하는 퀴어의 양상일지도 모르겠습니다.

반면 라나 티스델은 영화 속에서는 섹슈얼리티가 모호한 퀴어로 표현되지만 현실에서는 이성애자였습니다. 여성 감옥에 갔혔던 티나를 받아들인 이유도 곧 성전환 수술을 할 것이며 자신은 틀림없는 남자라는 주장에 설득되었기 때문입니다. 현실의 자신은 확고한 이성애자인데, 영화는 자신을 레즈비언으로 묘사했다고 비판한 이유도 여기에 있습니다.

우리는 평생 내가 누구인지를 모색하며 살아갑니다. 그 미로를 탐사할 기회와 자유가 필요합니다. 그런데 때로는 제도와 규범이 장애물로 작용하기도 합니다. 불꽃과 열기와 속도를 흩뿌리던 찬란한 젊음은 성 정체성에 대한 규범적 사고에 편협하게 매이면서 비극으로 치닫습니다. 격렬한 과속 질주가 처참한 파국으로 내닫듯이 눈부신 청춘의 빛은 규범적 사고방식이라는 함정에 빠져 생명력을 잃고 불꽃이 사그라듭니다. 규범을 신봉하는 사람들은 젠더와 섹슈얼리티의 경계에 있는 사람을 이해하기보다는 정상성의 이름으로 경멸하고 모욕하고 파괴하고, 그 정복

감에 환호합니다.

주디스 버틀러는 어떤 모범적 전형도 없는 젠더와 섹슈얼리티의 관계를 설명하는 데 이 영화를 활용합니다. 모범적 전형이 불필요한 둘의 관계뿐만이 아니라 젠더와 섹슈얼리티 각각도 마찬가지입니다. 브랜든 티나/티나 브랜든의 젠더와 섹슈얼리티는 그 예가 될 수 있습니다. 생물학적 여성이지만 남장과 남성성이 중요한 브랜든은 크로스드레서와 크로스젠더 사이에 있습니다. 브랜든과 라라의 성애는 여러 복합적 환상 작용을 통해서 이성애적 욕망과 동성애적 욕망이 발현되는 양상을 보여 주기 때문입니다. 브랜든의 경계넘기는 그 문화의 공적 규범에 대한 지속적 저항이 포함되므로, 딱히 트랜스젠더의 양상에만 국한되는 것도 아닙니다. 말 그대로 '젠더 정체성 위기'를 보여 줍니다.

정체성은 구성되는 과정에 있을 뿐 확정되어 있지 않습니다. 경계넘기를 하는 과정이라고도 할 수 있습니다. 자신을 남성과 동일시하는 동시에 여성을 욕망하는 브랜든은 여성에서 이성애 남성으로의 경계넘기 중에 있습니다. 하지만 이 동일시는 안정적이지 않습니다. 가슴을 붕대로 압박하고 탐폰을 처리하는 순간은 여전히 여성이기 때문입니다. 버틀러는 이를 페티시fetish의 무지●이며 불확실한 성애화의 기반이라고 설명합니다. 남자가 되려는 브랜든의 노력은 생물학적 제약 때문에 장애에 부딪히기도 하지만 인공기관을 통해 성애적 환상을 확장하기도 합니다. 브랜든의 경계넘기는 문화의 공적 규범에 대한 저항입니다. 따라서 브랜든은 레즈비언이기보다는 '퀴어한' 욕망의 주체라 할 수 있습니다.

그러나 영화 역시 후반부로 가면서 브랜든의 성 정체성을 구분하고 확정하려는 경향을 보입니다. 브랜든의 강간 사건 이후 불확실하던 성 정체성은 확정되고, 이성애와 동성애 사이에서 흔들리던 성애 경향도 생물학적 두 여성의 레즈비언 성애로 고정하려는 경향이 나타납니다. 굳이

● 페티시는 남자가 자신의 거세 불안을 극복하기 위해 어머니의 거세를 깨닫기 직전에 본 사물에 남근의 위상을 부여하는 것입니다. 이때 남자는 어머니의 거세를 알고 있지만 모른 척합니다. 그래서 이 무지는 알지만 모르는 척("I know but") 하는 무지와 관련됩니다.

발가벗겨 브랜든의 성기 구조를 확인한다든가, 여성임을 확실시하기 위해 차에 끌고 가 여러 명의 친구들이 윤간을 한다든가 하는 폭력적인 방식이 동원됩니다.

경찰의 대응 방식도 폭력적이긴 마찬가지입니다. 강간 사실을 경찰에 신고했지만 경찰의 반응은 브랜든의 남자 행세에 맞추어져 있습니다. 강간을 초래한 원인은 강간범의 위법적 폭력 욕망이 아니라 피해자의 남장인 것처럼 보이기까지 합니다. 경찰은 법의 이름으로 상대가 레즈비언 다이크dyke●인지 이성애 여자인지를 묻습니다. 브랜든은 다이크도 규범적 여자도 아닙니다. 그래도 경찰 앞에서는 그렇게 말할 수 없습니다. 왜냐하면 법은 범주를 정하고 범주의 외부나 경계를 인정하지 않기 때문입니다.

법의 관점에서 강간 사건이 성립하려면 피해 여성이 여성인지 확인되어야 합니다. 브랜든이 성폭력 사건을 법의 이름으로 신고하려면 경계 위의 성 정체성을 단언해야 하니까요. '성 정체성 장애를 겪는다'는 말은 '장애를 겪는

● 남성적인 톰보이나 부치(남성 역할 레즈비언)에 대한 비하적 의미에서 유래한 여자 동성애자나 레즈비언을 모욕하는 지칭어입니다.

여성'이라는 뜻이고, 그렇게 되면 비규범적 성을 장애로 만드는 것은 바로 이 사회입니다.

혐오라는 이름의
폭력

존과 톰은 왜 브랜든을 살해했을까요? 왜 그냥 죽이는 것으로도 모자라 총상으로 경련에 떠는 브랜든의 가슴에 수차례나 칼을 찔러 넣었을까요? 브랜든은 이 모든 것을 잊고 링컨으로 가서 새 출발을 하고 싶었지만 멤피스도 링컨도 갈 수 없게 된 것은 두 남자의 광기 어린 폭력성 때문입니다. 존과 톰에게 사형과 무기 징역을 살게 한 이 끔찍한 살인의 동기는 무엇일까요? 처음에는 질투, 그 다음에는 분노 그리고 무엇보다도 동성애 혐오 혹은 동성애 공포일 것입니다. 살인이라는 끔찍한 충동을 들게 할 정도로 혐오스럽고 공포스러운 것은 남성의 남성성이 흔들리고, 이성애의 정상성이 의심받을지 모른다는 공포와

뉴욕에서 열린
'헤리티지 오브 프라이드 퍼레이드 Heritage of Pride Parade'에서
브랜든 티나를 추모하는 시민. ⓒMariette Pathy Allen

그로 인한 혐오였습니다.

브랜든은 젠더와 섹슈얼리티 면에서 퀴어 영역에 있었고 라나는 현실에서는 이성애자, 영화에서는 이성애에서 퀴어로 진행 중에 있었습니다. 영화 속의 브랜든에게는 이성애적 남성과의 '동일시 쾌락'과 여성의 몸으로 이루는 '동성애적 욕망의 쾌락'이 동시에 존재합니다.

그래서 현실과 상상을 넘나드는 브랜든/티나와 라나가 맺는 관계는 한마디로 규정하기가 어렵습니다. 그것은 바로 그/그녀가 젠더와 섹슈얼리티에 대한 복합적인 양상을 구현하기 때문입니다. 그리고 이런 복합적 젠더와 섹슈얼리티 양상은 경계 위에서, 경계선에 대해 생각할 기회를 줍니다. 비평성이라는 것은 이런 경계선에 대한 사유에서 비롯된다고 할 수 있습니다.

브랜든은 젠더와 섹슈얼리티의 경계에 있습니다. 어떤 사람은 그를 부치 레즈비언이라고 하고 또 다른 사람은 트랜스 남성이라고 부릅니다. 그렇지만 브랜든을 어떤 이름으로 명확히 규정하기는 어렵습니다. 그는 다만 남장을 즐겼을 뿐이고 남자처럼 행세했지만 성전환 수술을 하지는 않았습니다. 라나가 남자를 원한다면 남자가 되려고 했을 수는 있습니다. 브랜든의 라나에 대한 사랑은 그저 라나이기 때문이지 라나가 여자라서 사랑한 건 아니니까요. 그가 라나를 사랑한 방식은 보조기구를 활용한 이성애적인 것이었습니다. 왜냐하면 라나가 이성애를 원했으니까요.

그러나 라나가 동성애를 원했다면 다른 방식으로 성애를 나누었을 것입니다. 브랜든이 살해당하지 않고 라나와 함께 멤피스나 링컨으로 돌아갔더라면 둘의 사랑 방식이 어떻게 바뀌었을지는 아무도 모릅니다. 브랜든은 그저 자신 앞에 있는 연인 라나를 사랑한 비규범적 젠더의 사람이었다고 할 수 있습니다.

클로징

　지금까지 역사 속의 인물을 살펴보았습니다. 에르퀼린 바르뱅, 데이비드 라이머, 티나 브랜든은 섹스/젠더/섹슈얼리티의 경계선을 문제 삼고, 분명한 이분법적 질서가 개인에게 가하는 폭력과 불행에 대해 이야기합니다. 여기서 우리는 묻지 않을 수 없습니다. 왜 언제나 둘이어야 할까요? 왜 여자/남자, 여성성/남성성, 동성애/이성애를 명확히 구분하고 그 사이에 존재하는 것을 어느 한쪽에 억지로 끼워 맞춰야 할까요? 이러한 것은 인식론적 폭력일 뿐만 아니라 경계 위의 몸과 심리와 성애를 살아가는 사람들에게 비극을 불러옵니다.

에르퀼린 바르뱅은 섹스와 섹슈얼리티의 경계에 있습니다. 양성의 특징을 한 몸에 지니고 있는 사람이 있다면 아무리 당대의 규범이 남녀를 가르고 여수도원을 무성적 공간으로 규정하더라도 여자와 남자, 동성애와 이성애가 혼합적으로 나타날 수밖에 없습니다.

데이비드 라이머는 섹스와 젠더의 경계에 있습니다. 그는 남자로 태어나 자기 의지와는 무관하게 여성으로 성전환되었고, 훗날 자기 의지로 다시 남성으로 돌아옵니다. 그 과정에서 의료진과 언론의 주목으로 심리적 고통을 겪지요.

티나 브랜든은 젠더와 섹슈얼리티의 경계에 있습니다. 그는 여자의 몸이지만 자신을 남자와 동일시하고 다른 여자를 사랑하기 때문에 마음으로는 이성애자지만 몸은 동성애자라고 할 수 있습니다.

이 모든 문제는 '젠더 위반'이라는 주제로 수렴됩니다. 이 세 명의 실존 인물은 자살하거나 살해당하는 비극적 인물입니다. 이들을 불행하게 만든 이유는 무엇일까요? 바로 규범적 사고이자 확고부동한 이분법에 대한 고집입니다. 다시 한번 묻지 않을 수 없습니다. 왜 꼭 둘이어야 할까요? 왜 셋이나 넷 혹은 다섯은 안 될까요? 아니 숫자로 가늠되지 않은 경계선 밖이나 경계선을 오가는 다양한 정체성에 대해서 왜 있는 그대로 인정하지 않습니까? 그것이 그렇게 위험한 것일까요? '그냥 그대로 둔다'는 것이 그렇게 어려운 일입니까? 나와 다르다는 것이 여러 번의 수술로 몸에 많은 흉터와 훼손을 남길 만큼 중요하고, 성폭행을 하고 살해를 할 정도로 공포스럽고, 한 사람에게서 직장과 연인을 빼앗을 만큼 끔찍한 일입니까?

손가락 끝에 가시만 박혀도 우리 몸은 아픕니다. 그런데 온몸을 수차례의 수술과 호르몬으로 변형하고 바꾸는 것을 외부의 잣대로 권유하고 강제하는 것이 정당할까요? 기존 성 규범을 따르지 않는 사람은 강간하고 폭행해도 될까요? 몸이 양성이라고 해서 의료 담론과 법적 판결을 동원해 한 사람의 성별을 판단하는 것이 그렇게 중요합니까? 그로 인해 한 사람의 인생이 망가지는 것이 더 중요한

것 아닐까요? 인간의 인간된 생존권과 평등, 자유에 입각
한 행복 추구권이 훨씬 더 중요한 것이 아닐까요?

　이 세 명의 역사적 인물은 짧은 생애를 살았고 비규범
적 특성 때문에 불행하게 삶을 마감했습니다. 그러나 영화
속 인물은 실존 인물보다는 좀 더 희망적입니다. 4장에서
살펴볼 빌리는 아버지가 동료를 배신하면서까지 헌신적
으로 자신을 지원해 준 덕분에 그토록 원하던 발레리노가
됩니다. 세계 최로로 성전환 수술을 받은 에이나르 베게너
는 릴리 엘베가 되어 그토록 원하던 여성의 몸을 얻고 죽
을 때까지 아내의 헌신적인 지원을 받습니다. 캐롤은 딸에
대한 친권은 잃었어도 자신의 연인 테레즈에 대한 사랑과
그녀를 사랑한 자신의 정체성을 지켜 냅니다.

4

이분법에
맞선 사람들

인트로

자 이번에는 영화 속의 젠더 양상을 살펴보겠습니다. 영화적 서사는 현실의 반영이자 재현물이라서 현실만큼이나 중요한 의미가 있습니다. 4장에서 함께 살펴볼 영화는 〈빌리 엘리어트〉, 〈대니쉬 걸〉, 〈캐롤〉입니다.

〈빌리 엘리어트〉는 1980년대 영국을 배경으로 합니다. 그중에서도 영국 역사상 가장 긴 광부 파업으로 악명 높았던 1984~1985년 광부 대파업 시기가 시대 배경입니다. 1980년대 초반 영국의 대처 수상은 경제 위기를 극복하기 위해 신자유주의를 수용하고, 국영 기업을 민영화 하고, 산업 구조조정을 합니다. 그 가운데 전국광부노조는 정부와 전면적으로 대립했는데, 석탄이 화력 발전과 철강 산업의 근간인 데다 총파업의 선두에 있었기 때문이지요.

1984년 영국 정부가 탄광 20곳을 폐쇄하면서 총파업이 시작되었고, 영국 전체 광부의 80퍼센트가 이 파업에 참여합니다. 그런 상황 속에서 영국 북부 탄광촌에 사는 열한 살의 빌리는 복싱을 배우러 간 체육관에서 우연히 발레 수업을 보게 됩니다. 발레에 호기심을 느낀 빌리는 발레 연습을 하는 여학생들을 따라 여러 동작을 따라 해 보다가 선생님의 눈에 띄입니다. 그리고 발레 선생님은 빌리에게 런던의 로열발레학교 오디션을 권유하지요. 아버지는 권투나 배우라고 말하지만 빌리는 자꾸 발레에 마음이 갑니다.

〈대니쉬 걸〉은 〈빌리 엘리어트〉의 배경보다 약간 더 앞선 시기인 1920년대 북유럽을 배경으로 합니다. 1926년 덴마크 코펜하겐은 아름다운 자연과 예술로 가득한 도시입니다. 풍경화 화가로 이름난 에이나르 베게너와 그보다

덜 유명한 초상화 화가 게르다는 서로 사랑하며 서로에게 예술적 영감을 주는 부부입니다.

그림 같은 풍광과 예술 속에서 행복한 시간을 보내던 어느 날, 에이나르는 자신에게 감춰진 새로운 즐거움과 정체성을 깨닫게 됩니다. 인물화를 주로 그리던 아내의 모델이 지각하는 바람에 아내의 권유로 모델의 드레스와 스타킹, 그리고 발레 슈즈를 걸치면서 에이나르는 설렘과 흥분을 느낍니다. 이후 에이나르는 그 드레스를 잊지 못하고 성 정체성의 혼란에 빠집니다.

〈캐롤〉은 1950년대 미국 뉴욕을 배경으로 한 영화입니다. 맨해튼 백화점의 점원인 테레즈와 딸의 크리스마스 선물을 사러 백화점에 갔던 캐롤은 처음 만난 그 순간 서로에게 매혹됩니다. 마치 마법과도 같은 순간입니다. 캐롤은 실수로 (어쩌면 고의로) 매장에 장갑을 놓고 가고 테레즈가 그 장갑을 찾아 주면서 서로의 관계가 발전됩니다. 때마침 테레즈는 남자 친구가 자신을 이해하지 못한다고 생각했고, 캐롤은 남편과의 불화로 이혼 과정에 있었지요. 둘은 여자들 간의 사랑이라는 사회적 금기에도 아랑곳하지 않고 서로에게 점차 빠져듭니다.

이 장에서 다룰 세 편의 영화 〈빌리 엘리어트〉, 〈대니쉬 걸〉, 〈캐롤〉은 21세기에 개봉된 영화이지만 그 배경은 20세기 후반 영국, 20세기 초반 덴마크, 그리고 20세기 중반 미국입니다. 그래서 이 영화를 통해 20세기 유럽과 미국의 섹스/젠더/섹슈얼리티 양상을 살펴볼 수 있습니다.

또한 현실보다는 영화가 좀 더 낭만적이고 유연할 가능성을 보여 줍니다. 빌리가 성공한 발레리노로서 〈매튜 본의 백조의 호수 Matthew Bourne's Swan Lake〉 무대에서 한 마리 백조로 도약할 때, 릴리의 죽음이 창공에 휘날리는 스카프처럼 자유의 상징으로 표현될 때 그리고 캐롤이 요청한 약속 장소로 테레즈가 찾아와 두 연인의 시선이 뜨겁게 얽힐 때 이들에겐 희망과 사랑의 가능성이 있습니다.

1

남자가 발레를 한다고?

〈빌리 엘리어트〉(2000)

: 권투와 발레, 경계 위의 젠더

〈빌리 엘리어트Billy Elliot〉는 1984년 영국 북동부 더램주에 위치한 가난한 탄광촌에 사는 빌리의 이야기입니다. 빌리는 꿈도 미래도 없습니다. 광부인 아버지는 파업 중이고, 주먹 쓰기를 좋아하는 형도 광부입니다. 엄마는 일찍 돌아가셨고, 할머니는 치매를 앓고 있습니다. 파업이 언제 끝날지 모르는데 살림은 점점 더 쪼들려 갑니다. 파업 참가자들은 매일 아침 탄광으로 향하는 동료들이 타고 가는 버스에다 대고 "배반자!"라고 비난과 야유를 연신 보냅니다. 노조

파업으로 생계가 끊긴 아버지가 어렵게 마련해 주는 비용으로 권투 강습을 받던 빌리는 뜻밖에도 발레에 매료됩니다.

그러나 현실은 녹록치 않습니다. 빌리의 타고난 재능을 알아본 윌킨슨 선생님의 도움으로 로열발레학교 입학시험을 준비하고는 있지만 런던까지 가는 교통비나 입시 비용조차 만만치 않습니다. 무엇보다 아버지와 형이 발레하는 남자를 순순히 받아들여 줄 것 같지 않았습니다. 빌리는 돌아가신 어머니에 대한 그리움과 발레하는 것을 강경히 반대하는 아버지에 대한 답답함을 격렬한 몸짓으로 표현합니다. 집을 뛰쳐나가 벽돌담을 치고 골목길을 내달리고 지붕 위에서 뛰어내리는 그 동작 자체가 빌리만의 춤이 됩니다.

사랑과 화해의 분위기 가득한 크리스마스 이브에 체육관에서 친구와 춤을 추던 빌리는 우연히 그곳에 들린 아버지와 정면으로 마주칩니다. 빌리는 그 상황을 피하지 않고 당당하게 자신의 춤을 아버지께 보여 줍니다. 그것은 인정을 갈구하고 지원을 바라는 빌리의 강렬한 소망의 표현이기도 합니다.

그날 이후 아버지는 마음을 완전히 바꿉니다. 아버지는 빌리를 지원하기 위해 자신이 지금까지 맹렬히 비난했던 파업 비참여자에게 붙는 배신자 낙인을 감내하며 탄광으로 출근합니다. 그리고 그 돈으로 빌리의 발레학교 입시 전형 비용과 여비를 마련합니다.

남자가 남자다워야지
여자가 여성스러워야지

빌리는 권투 글러브 대신 토슈즈를 선택했지만 빌리가 여성성을 지향하거나 여성 정체성을 갖고 있다고 단정하기는 어렵습니다. 빌리는 단지 춤이 좋은 것뿐이고 자신이 좋아하는 춤에 천부적인 재능을 타고난 것뿐입니다. 빌리는 춤을 출 때 어떤 느낌이 드는지 묻는 심사 위원의 질문에 다음과 같이 답합니다.

"내 몸 전체가 바뀌어요. 춤출 때 하늘을 나는 기분이에요. 마치 내가 공중으로 사라지는 기분요. 내 몸 안에서 불길이 치솟고 난 거기서 날아요. 새가 되어 날죠. 마치 전기처럼. 맞아요, 전기처럼요."

빌리에게 춤은 온몸과 온 존재를 바꿀 정도로 강렬한 것이고 전기처럼 온몸을 관통하는, 또 그것 없이는 안 될 중요한 것입니다. 빌리가 열렬히 원하는 것이면서 빌리의 정체성이기도 하지요. 그러나 당시 영국의 역사적, 지리적, 계층적 환경 속에서 가난한 탄광촌의 광부 아들에게 발레는 이해받기도 접근하기도 어려운 것이었습니다. 고정된 성별 취미나 직업에 대한 사회적 편견 그리고 물질적 제약을 극복하기 위해서는 아버지와 형이 동료들의 조롱거리가 되어야만 했습니다. 또 어머니의 유품을 전당포에 담보로 맡겨야 했습니다. 그러나 헌신적이고 신념 강한 윌킨슨 선생님과 어머니가 죽기 전에 빌리에게 남긴 편지는 빌리의 소망과 재능을 실현할 수 있도록 힘이 되어 줍니다.

이 영화는 성장 소설의 플롯을 가지고 있습니다. 불우하고 희망이 보이지 않던 어린 빌리가 역경과 고난을 극복

〈빌리 엘리어트〉는 여성성과 남성성, 동성애와 이성애,
육체적 노동과 정신적 문화,
정치적 진보성과 문화적 보수성의 갈등 구조를 잘 보여 준다.

하고 성숙한 어른으로 도약하는 드라마를 기본 구조로 하기 때문입니다. 빌리가 극복해야 할 역경은 크게 두 가지라 할 수 있습니다. 그 첫 번째는 젠더 불일치에 대한 사회적 편견입니다. 두 번째는 문화나 예술에 대한 접근권이 제한된 노동자 계층의 갈등입니다. 쉽게 말해 빌리의 갈등은 권투와 발레를 둘러싸고 있습니다. 여기에는 권투로 상징되는 남성성과 발레로 상징되는 여성성 사이에 젠더 갈등 요소가 있습니다. 또한 권투가 대표하는 하층 폭력 스포츠와 발레가 대표하는 상층 미학 예술 간의 대립이 있습니다.●

발레하는 남자는
호모일거야

20세기 후반 영국 사회는 전형적 가부장 남성상이 지배적인 사회입니다. 권투와 발레는 남성성과 여성성을 대

● 《한국체육학회지》 50권 5호, 〈영화에서 나타난 춤의 사회저항적 담론 분석〉, 조성식, 황미경, 2011, 129~137쪽.

표하는 것처럼 보입니다. 남자는 할아버지의 권투 글러브를 소중히 여기고 샌드백을 두들기며 싸움을 잘하고 강인하며 공격적이어야 합니다. 반대로 발레 교실의 소녀는 거울에 비친 자기 모습과 동작에 주의하며 매 순간 우아하고 아름다워야 합니다. 이런 고정된 젠더 정체성을 갖고 있는 사회에서 성장한 빌리가 발레를 배운다는 것은 남성의 젠더 정체성을 의심하거나 부정해야 한다는 뜻입니다.

데비 남자들도 발레 많이 해.

빌리 돌았냐, 어떤 미친놈이 발레를 해?

데비 여기선 안 해도 다른 데선 많이 해.

빌리 호모나 하지.

데비 꼭 호모인 건 아니야.

빌리 누가 있는데?

데비 웨일 슬립은 호모 아냐. 운동선수만큼 단련됐어.

빌리 달리 톰슨과는 비교도 안 될걸.

아버지는 빌리가 발레를 배우는 데 반대할 뿐만 아니

라 발레는 여자들이나 하는 것이니 발레를 한다는 것은 여자가 되는 것이라고 생각합니다. 또 남자가 여자가 된다는 건 호모나 다름없다고 생각합니다. 빌리는 발레가 단단하게 몸을 단련하는 스포츠일 뿐이라고 강변하지만 역부족입니다.

아버지 그래, 할머니한테는 그렇지. 여자들에겐. 사내들은 아냐. 사내들은 축구나 권투나 레슬링을 하는 거야. 빌어먹을 발레는 안 해. (중략)

빌리 호모나 하는 게 아니에요. 아빠, 발레 무용수는 운동선수만큼이나 단단하다고요. 웨인 슬립을 보세요. 그 사람도 발레 무용수잖아요.

아버지 웨인 슬립이?

빌리 네.

아버지 잘 들어, 이제부턴 그 망할 발레는 깨끗이 잊어. 그리고 권투도 집어치워. 뼈 빠지게 번 50펜스를 넌… 이제부터 넌 집에서 할머니나 돌봐 드려. 알겠어?

빌리 아빠가 미워요! 정말 미워요! 놔요!

여기서 두 번째로 취미로서의 예술이나 스포츠는 부유층이나 접근할 수 있는 것이지 빈곤한 노동자 계층에게는 사치라는 것이 드러납니다. 발레든 권투든 생업이 빠듯한 빈곤층에게 취향을 위한 소비는 뼈 빠지게 열심히 노동을 해도 감당하기 힘든 현실인 것입니다. 빈민층에게 가족은 노동력을 제공하는 생산 수단일 수는 있어도 교육비를 들여 적성에 맞는 적절한 배움의 기회를 제공하기는 어렵습니다.

편견에 대항하고
맞선다는 것

더불어 폭력적인 권투는 하류층 운동, 미학적인 발레는 상류층 운동이라는 편견도 작용합니다. 윌킨스 선생님이 중산층 자제들에게 몸의 밸런스를 가르치고, 여러 발레 동작들을 훈련시키는 아름다운 장면은 파업 노동자의 시위를 폭력으로 제압하는 경찰의 무지막지한 진압 장면과

교차 편집되면서 대조를 이룹니다. 발레 교습소와 광산 작
업장의 계급 차이를 보여 주는 것입니다.

노동자들의 파업과 시위는 지배 권력에 대한 저항을
표현하는 수단이지만 폭력적으로 표현되고, 발레 강습을
받는 소녀들은 그런 저항이나 반항에 아랑곳없이 상류층
담론을 학습하고 고급문화를 추구하는 훈련 과정을 보여
주는 것이지요. 권투는 돈과 시간이 많이 들지 않아 저소
득 하류층의 스포츠 활동이지만 상대적으로 권투에 비해
골프, 테니스, 스키는 고소득 상류층 스포츠입니다. 그중
에서도 발레는 권투와 대비되어 상류층 여성의 심미적 예
술 활동을 상징합니다.

아빠는 선생님께 발레를 하는데 비용이 얼마나 드는
지 묻고 윌킨스 선생님은 2천 파운드 가량일 것이며 시에
서 장학금을 받을 수도 있다고 말합니다. 그러나 파업에
동참하고 있는 광부의 월급으로는 학교 등록금은 고사
하고 차비를 들여 런던까지 가는 것, 오디션 때 입을 옷을
맞춰 입는 것, 입시 전형료를 내는 것 자체가 매우 어렵습
니다. 그러려면 동료를 배신하고, 비난을 견디며 노동 현

매튜 본은 고전 발레의 대명사인 〈백조의 호수〉를
남성 버전으로 재창조해 무용계에 파란을 일으켰다.

장에 복귀해야 하고, 아내의 유품을 전당포에 담보로 맡겨야 합니다.

결국 가족의 헌신적인 배려 속에 빌리는 오디션에 합격하고 유명 발레리노가 되어 계층 상승에 성공합니다.

영화의 마지막 장면인 성인 빌리가 도약하는 장면은 1995년 매튜 본이 전통적인 〈백조의 호수〉를 남성 백조의 발레로 재해석한 작품을 공연하는 모습입니다. 원래 작품에서는 여성 무용수들이 하얀색 무대의상을 입고 악마의 저주에 순응하는 연약한 모습으로 춤을 춥니다. 반면에 매튜 본이 재해석한 작품에서는 남성 무용수들이 힘 있는 도약과 움직임으로 강한 이미지를 표현함으로써 젠더 고정 관념에 저항하고 있습니다.

또한 이 도약은 가난한 광부업의 대물림밖에는 선택지가 없던 빌리 가족이 런던의 고급문화계로 진출하고 신분 상승을 이룬다는 의미도 있습니다. 그런 의미에서 〈빌리 엘리어트〉는 사회의 고정적 젠더 정체성 할당에 저항해 자신만의 정체성을 찾고 신분 상승도 이루는 해피엔딩 성장 드라마의 구조를 갖고 있습니다.

2

남자로 태어났지만 여자로 살고 싶어

〈대니쉬 걸〉(2015)

: 흥분과 모험 사이, 경계 위의 섹스

　　〈대니쉬 걸The Danish Girl〉은 역사상 기록된 최초의 실제 성전환자를 소재로 합니다. 데이비드 에버쇼프David Ebershoff, 1969~가 2000년에 발표한 동명 소설을 원작으로 한 이 영화는 남자로 태어난 에이나르 베게너Einar Wegener, 1882~1931가 여자 릴리 엘베Lili Elbe로 재탄생하는 과정을 다룹니다. 영화는 트랜스젠더의 고뇌와 고충을 사실적으로 다루고 있습니다. 이 사회에서 성전환이라는 미개척 분야에 도전한다는 것이 가족과 친구, 직업과 본인의 건강

자체에 어떤 의미인지를 진지하게 생각하게 합니다.

특히 남편 에이나르 베게너의 선택을 존중하고 인정하는 아내 게르다를 보면 누군가가 태어난 성 정체성에 만족하지 못한다는 것이 무엇인지, 이 때문에 사랑하는 가족에게 주는 부담과 고통이 무엇인지 체감하게 합니다. 게르다는 남편의 스카프가 창공으로 바람에 날리는 것을 보고 붙잡지 않습니다. "그냥 날아가게 둬요." 그 말은 사랑이라는 이름으로 시대나 지역의 기준과 규범을 강요하는 것이 아니라, 상대방을 있는 그대로를 받아들이고 그 사람의 자유를 존중한다는 의미일 것입니다.

1920년대의 덴마크, 독일, 프랑스는 아름다운 산수와 풍경으로 가득합니다. 특히 코펜하겐의 대표적 명소인 니하운 항구의 풍광은 한 폭의 그림과도 같습니다. 하지만 당시 여성 화가의 입지가 남성 화가보다 좁은 걸 보니 당시에 남성과 여성의 예술 세계가 동등한 평가와 대우를 받지는 못한 것 같습니다. 부부는 둘 다 화가이지만 풍경화를 그리는 남편에 비해 초상화를 그리는 아내는 인정받는 폭이 좁아 보입니다.

자신이 모르던
진짜 자신을 발견하다

에이나르는 트랜스베스타잇, 트랜스젠더, 트랜스섹슈얼 세 영역에 걸쳐 있는 사람입니다. 처음에 에이나르는 단순히 모델의 여성용 드레스와 스타킹의 감촉을 좋아하고 여성 복장에 흥분과 설렘을 느꼈습니다. 그러다 점차 릴리 엘베로 자신을 표현하고 싶어 했습니다. 릴리 엘베로 사교계에 나타났을 때는 다른 남성 헨릭에게 받은 구애와 키스에 강한 쾌감을 느꼈습니다. 그리고 여러 부작용과 위험을 감수하면서도 세계 최초로 최종 단계까지 여성의 몸이 되는, 실험적인 수술을 받는 모험을 감행합니다.

에이나르는 세 단계에 걸쳐져 있는 트랜스젠더의 양상을 구현합니다. 첫 번째 단계는 이성의 옷을 입고 흥분과 기쁨을 느끼는 상태입니다. 에이나르는 아내의 회화 작업에 지각한 모델 올라 대신 스타킹과 구두만 신고 드레스를 살짝 걸칩니다. 그림은 거의 완성 단계여서 발만 그리면 되는 상태였으니까요. 에이나르는 드레스를 쥔 촉감에 몸이 떨리고 스타킹을 신은 자신의 다리와 발이 새롭게 보입니다. 뒤늦게 나타난 모델 올라가 그 모습을 보고 백합한 다발을 안겨 주며 말하지요. "이제부터 자기 이름은 릴리야."

이후 올라에게 무도회 초청을 받게 되고 평소 유명세에 부담을 느끼던 에이나르는 아내의 제안으로 여장을 하고 자신을 사촌 동생 릴리라고 속이며 무도회에 참석합니다.

두 번째 단계는 자신이 이성이라고 생각하고 이성과 동일시하는 상태입니다. 남성이 여성과 동일시하면 이성애자의 경우 다른 남성에게 성적 끌림을 가질 수 있습니다. 키가 크고 마른 에이나르가 붉은 가발에 풀메이크업을 하고 릴리로 변신하자 색다른 매력이 연출됩니다. 모델처럼 늘씬한 데다 시크하기도 해서 신비로운 매력이 있다고나 할까요? 헨릭은 단번에 그 모습에 매혹됩니다. 릴리에게 열렬히 구애하고 오붓한 공간에서 담소를 나누다가 급기야 그녀에게 키스를 합니다.

에이나르는 스타킹을 신고 실크 드레스를 몸에 밀착시켰을 때
감정의 소용돌이 속에서 또 다른 자신을 발견한다.

에이나르는 매우 놀랐지만 자신이 여성으로서 매력적이며 남성의 접근을 불러오고 성적 접촉까지 이룰 수 있다는 사실에 매우 흥분하게 되지요. 한번의 게임으로 생각했던 사건이 이렇게 꼬리를 물게 되자 에이나르는 황홀감 때문에 자꾸만 더 여장을 하게 되고 자신 안에 있는 릴리를 반복해 소환합니다. 이제 에이나르는 자신이 릴리이며 더는 릴리를 누를 수 없다고 생각합니다.

에이나르는 릴리를 표출하고자 하고 화려한 드레스를 입고 게르다의 모델로 나섭니다. 에이나르는 무채색의 소심한 남자였지만 릴리는 붉은 머리카락과 주홍빛 립스틱을 바른 생기 넘치면서도 신비로운 여인으로 재탄생합니다. 릴리를 모델로 한 게르다의 그림은 화단의 호평을 받으며 프랑스까지 널리 유명해집니다. 사람들은 그림 속 릴리의 모습에 환호합니다.

세 번째 단계는 타고난 몸을 원하는 몸으로 바꾸려는 상태입니다. 여기에는 수술을 알아보고 결정하기까지 많은 심리적 고통뿐만 아니라 외과 수술로 인한 재정 부담과 신체 위험도 수반됩니다. 영화 속 에이나르는 성전환 수술을 위한 의사를 섭외하면서 정신분열증, 성도착증 환자 취급을 받으며 정신병원에 감금될 위기마저 겪습니다. 마침내 아내의 헌신적 지원으로 성전환 수술을 감행할 수 있었지만, 두 번의 수술 끝에 후유증을 앓다가 세상을 떠납니다.

반면 실존 인물인 에이나르는 1931년부터 2년간 다섯 번의 수술을 통해 난소와 자궁까지 이식받고 다른 남성을 만나 아이를 가지려고 노력하다 거부 반응으로 죽음을 맞습니다. 여성의 몸으로 산지 3개월이 채 안 되어서라고 합니다.

마지막 단계는 몸을 이성으로 바꾼 이들이 추구하는 법적 변화라 할 수 있습니다. 성전환 수술은 에이나르와 게르다의 고국인 덴마크뿐 아니라 유럽 전체를 충격에 빠뜨립니다. 덴마크 국왕은 에이나르를 릴리 엘베라는 새로운 여성으로 인정해 주고 게르다와의 결혼을 취소합니다. 당시에 동성 결혼은 인정되지 않았기 때문입니다. 지금 한국에서도 법적 성별 변경은 최종 단계까지 수술을 마친 사람에 한해서만 제한적으로 허용하고 있습니다. 법적 성별이 인정되지 않을 경우에 트랜스 혐오로 인한 강간 사건도 단순 폭행으로 처리됩니다.

정상과 비정상의 경계에서 벗어나는 것은 '변태'

20세기 초반 에이나르와 같은 성 정체성 경계자는 장애인 혹은 환자로 인식되었습니다. 심한 경우에는 잠재적이거나 직접적인 가해자나 범죄자로 취급받았습니다. 그렇지만 최근에는 성 정체성이 개인의 의지가 아닌 뇌 기능이나 뇌 구조의 차이에서 온다고 생각하는 연구 결과들이 나왔습니다.

네덜란드의 국립 뇌과학 연구소 딕스와브 교수는 11년에 걸쳐 남성에서 여성으로 성전환을 한 6명의 뇌를 조사하고 연구했는데, 이들의 시상하부의 분계선조 침대핵bed nucleus of striateminalis 크기가 일반 여성의 평균 크기와 비슷했습니다. 원래 시상하부 분계선조 침대핵은 보통 남성이 여성보다 큰데 말입니다. 딕스와브 교수는 태아의 성기는 임신 초반부에 결정되지만 시상하부의 차이는 임신 후반부에 결정된다고 주장합니다. 즉 섹스와 젠더의 불일치는 사실상 성기 구조처럼 태아의 뇌의 구조로 결정된다는 것입니다.[•]

이 문제는 3장의 데이비드 라이머 사례에서도 논의했지만, 젠더 정체성 문제가 생물학적 원인인지 후천적 원인인지는 아직도 논쟁중입니다. 그러나 확실한 것은 규범적이지 않다고 해서 또 우리 사회가 정의하는 정상 기준이나 이상적 기준에 맞지 않는다는 이유로 차별해서는 안 된다는 것입니다. 남녀 규율이 확고하고 이성애 중심성이 확실한 사회에서는 동성애와 성전환을 질병이나 범죄로 보는 사람이 여전히 많습니다. 규범적이지 않은 것은 쉽게 병이나 죄로 간주되기 때문입니다.

• 《브레인》 vol. 57. 〈영화 〈대니쉬 걸〉, 다름과 틀림 사이, 온전한 나로서 살아가고자 분투한 한 여인의 인생〉, 강만금, 2016, 62~65쪽.

다른 것은
틀린 것이 아니다

하지만 나와 다르다고 해서 그것이 틀렸다고 말할 수는 없습니다. 세상에는 다양한 사람들이 살고 있고 그 모두가 똑같은 기준을 충족시키기는 어려우니까요. 에이나르에서 릴리로 변화하는 과정에 있던 한 개인은 심리적 갈등, 정신적 고통, 경제적 부담, 육체적 한계를 마주해야 했습니다. 그리고 결국에는 자신의 자유로운 선택의 대가로 죽음을 맞이합니다. 그렇다고 해서 함부로 그 사람을 비난할 수는 없습니다. 그 결과가 설령 죽음일지라도 인간에게는 자신의 선택을 끝까지 밀고 나갈 권리가 있기 때문입니다. 그것이 타인에게 피해가 되지 않는 한, 자유의 추구가 허용되는 것이 천부인권의 자연권을 부여받은 인간의 사회적 권리입니다.

에이나르 베게너라는 사람은 남자로 태어났지만 우연한 계기로 여장을 하게 되면서 자신이 여자일 수 있다는 사실에 강한 황홀감을 느꼈습니다. 자신 안에 있던 여성성이 점차 커져 가는 것을 깨닫게 되었고, 어느 순간 주체하지 못할 정도로 강한 여성이 자신의 남성성을 누르고 터져 나오는 것을 발견합니다. 그리고 이미 여성과 동일시한 이 사람은 여성을 몸을 갖고 싶은 열망에 사로잡힙니다. 그 대가가 무엇이든 자신의 열망을 실행에 옮기겠다는 결정을 하게 됩니다. 그리고 다행히도 가장 가까운 가족인 아내의 헌신적인 지원과 도움으로 기록상 최초의 성전환자가 되어 자신의 선택을 실행합니다. 몸과 마음이 온전히 릴리가 되는 것이죠.

릴리가 죽음을 맞는 순간은 평온했고, 그동안 목에 걸쳤던 스카프가 아름다운 코펜하겐의 해안가에서 바람에 날아갑니다. 마치 자유를 추구하다 하늘로 올라간 릴리의 영혼인 것처럼 말이죠. 게르다는 자신이 사랑했지만, 여성으로서의 삶을 선택한 한 사람을 있는 모습 그대로 받아들이고 사랑합니다. 그리고 그의 자유를 존중합니다.

"그냥 날아가게 둬요 Let it fly."

3

여자끼리 사랑하면 안 되나요?

⟨캐롤⟩(2015)

: 매혹과 위험, 경계 위의 섹슈얼리티

영화 ⟨캐롤Carol⟩은 1950년대 미국의 시대적 상황에 따른 패션과 스타일, 욕망의 시선 그리고 도시 문화가 돋보이는 영화입니다. ⟨대니쉬 걸⟩이 덴마크 해안의 아름다운 풍광을 배경으로 한다면 ⟨캐롤⟩은 미국 뉴욕의 도시 풍경과 서부로의 자동차 로드 트립, 그리고 동부 상류층 사교계, 신문사, 호텔 바와 카페의 도시 문화를 부각합니다. 당시 미국은 제2차 세계대전 이후 산업 발달을 통해 경제적 풍요를 누렸습니다.

남성 중심 사회가
여성에게 강요하는 것들

대중 매체의 영향으로 문화와 사교, 연예와 스포츠에 관한 관심이 증가했고, 매체는 여성들에게 전쟁이 끝났으니 가정으로 복귀하라고 설득했습니다. 디자이너 크리스천 디올Christian Dior은 1947년 봄 컬렉션에서 둥근 어깨, 잘록한 허리, 아래로 퍼지면서 길어지는 스커트로 여성미 넘치는 모래시계 실루엣을 이루는 뉴 룩 스타일을 선보였습니다. 곧바로 이것은 세계적 열풍으로 번져 나갔습니다.

〈캐롤〉의 패션은 이런 여성미를 강조한 크리스천 디올풍의 뉴 룩 스타일을 반영합니다. 안정된 부유층 기혼 여성 캐롤과 불안정한 서민층 미혼 여성 테레즈의 스타일은 영화 초반에는 대비를 이루지만 영화 후반부로 갈수록 대비가 약화되고 오히려 동화됩니다. 욕망의 시선도 처음에는 캐롤의 부유함과 아름다움이 강조되지만 후반에는 테레즈의 활기찬 직업 세계와 매력이 부각됩니다.

또 초반에는 가정주부의 삶이 이상적인 것처럼 제시

되지만 마지막에는 여성도 직업을 가지는 것이 이혼이나 여성 동성애에 대한 사회적 편견을 극복할 대안적 활동으로 표현됩니다. 이처럼 주인공 캐롤과 테레즈의 차이가 유사성으로 좁혀지는 양상은 패션, 욕망의 시선, 직업의 관점에서 생각해 볼 수 있습니다.

성숙한 여성과
미성숙한 여성

우선 캐롤의 의상은 시종일관 성숙한 여성미를 상류층 스타일로 보여 줍니다. 외출을 할 때나 가정에 있을 때조차 가슴과 허리선, 힙 라인을 강조하는 X 실루엣, H 실루엣, 혹은 튤립 라인 원피스와 정장 투피스를 즐겨 입고 카프리 팬츠, 니트웨어, 숏 카디건, 하이힐, 모피 등으로 고급스럽고 여성스러운 라인을 마음껏 표현합니다.• 주로 베

• 《한국패션디자인학회 학술대회 발표 논문집》, 〈영화 〈캐롤〉의 의상에 나타난 시대성 및 상징성 연구〉, 정아름, 2017, 77~78쪽.

이지 바탕에 붉은 색상의 옷과 외투, 같은 색 모자나 스카프, 넓은 벨트, 브로치, 네일 칼라, 하이힐 등 화려한 소품뿐 아니라 목걸이, 팔찌, 이어링 등의 장신구로 부유함과 당당함을 표출한다고 할 수 있습니다.

반면 테레즈의 의상은 변화합니다. 초반에는 미성숙한 젊은 여성의 특성을 표현하기 위해 체크무늬 모자와 목도리, 넓은 헤어밴드, 플레어 스커트, 데님 팬츠, 모자 달린 코트 등 소녀풍 스타일이 주류를 이룹니다. 컬러 또한 전체적 분위기와 동화되어 눈에 크게 띄지 않는 흰색과 검정의 모노톤 룩이 많습니다. 미성숙한 소녀의 이미지를 유지하기 위해서 빨간 산타 모자나 노랑과 오렌지가 섞인 베레모, 혹은 빨강과 초록이 섞인 타탄 체크목도리를 두르고 주로 플랫 슈즈를 신습니다.

그러나 신문사에서 사진기자 직업을 얻은 후의 패션은 직장 여성의 성숙한 패션으로 변모합니다. 헤어스타일이 성숙한 스타일로 바뀌고, 바디라인을 강조하는 옷을 입고, 장신구를 착용하고, 하이힐을 신습니다.

욕망의 시선도 균형을 이루어 갑니다. 처음에는 테레

영화 초반부에 캐롤과 테레즈는 패션 스타일부터 극명하게 대조적이다.

즈의 관점에서 캐롤의 당당함과 패션에 압도되던 스크린이 어느 시점에 이르면, 테레즈의 주체적 선택과 직업적 전문성에 매료되는 것으로 변모합니다. 캐롤은 이미 애비와 레즈비언 관계의 경험이 있고, 이혼을 결심하고 준비하는 중이라서 노련하게 자신의 사랑과 욕망을 전달합니다. 테레즈가 그토록 원하던 고가의 신상 니콘 카메라와 코닥 필름을 그저 평범한 크리스마스 선물인양 발로 쭉 밀어줄 때, 캐롤은 당당함과 함께 경제력과 미모까지 갖춘 여신처럼 보입니다. 테레즈가 캐롤과 함께 피아노를 연주하며 시간을 보냈던 곡, 테디 윌슨의 〈빌리 홀리데이Billie Holiday〉 LP판을 캐롤에게 선물로 줄 때 수줍고 미성숙해 보이던 모습과 대비됩니다.

캐롤은 당당하게 먼저 무엇인가 기획하고 제안하는 능동적 입장이지만 테레즈는 캐롤의 의견을 수용하고 따라가는 수동적 입장에 있습니다. 그러나 캐롤의 식사 초대, 집 방문 초대 그리고 미 서부 여행 동행이라는 여정에서 테레즈는 한 번도 시도해 본 적 없는 여성에 대한 매혹을 느끼고 미지의 욕망을 탐색하기로 결심합니다.

청혼한 남자 친구가 극구 반대하는 여행길에 오르면 서부터 자기 삶을 주체적으로 개척하기 시작합니다. 스탠 다드룸 두 개 대신 스위트룸 하나를 선택하는 것도 테레 즈고, 새해 전야를 함께 맞이하는 축하 분위기 속에서 와 인 잔을 부딪치고 침대로 데려다 달라고 청한 것도 테레즈 입니다. 그녀는 두렵지만 점차 용기를 내면서 자신의 욕망 과 직접 대면합니다.

고정된 성 역할에 저항하다

그런데 캐롤과 테레즈의 모습에서 공통점을 하나 발 견할 수 있습니다. 당시의 이상적인 여성은 부유층 가정 주부, 좋은 어머니, 현명한 아내였습니다. 캐롤과 테레즈는 이런 고정된 성 역할을 거부하는 쪽으로 변화해 간다는 점에서 공통점이 있습니다. 지금까지는 성숙한 캐롤과 성 장 중인 테레사가 대조를 이루었다면 이제부터는 캐롤과 테레즈 둘 다 변모합니다.

캐롤은 영화 초반에는 주로 가정주부들이 하는 집안 일로 일상을 보냅니다. 쇼핑, 요리, 청소, 크리스마스 트리 장식, 시가의 사교 활동에 하루를 보냅니다. 캐롤에게 자신의 욕망이나 정체성만큼 중요한 것이 있다면 남편 하지와의 사이에서 낳은 딸 린디입니다. 그 당시 이성애 중심의 가부장 사회에서 동성애는 품행과 행실 옳지 않고 도덕적 자질도 미달되는 것으로 평가받았습니다. 그래서 동성애를 인정하면 양육권을 가질 수 없을뿐더러 접근권도 제한될 위기에 있었습니다. 도청 테이프는 결정적으로 불리한 증거로 작동하기 때문에 양육권을 지키려면 신경쇠약 진단과 심리치료사를 대동해야 했습니다.

그러나 캐롤은 결정적 순간에 자신의 레즈비언 욕망을 부인하지 않습니다. 자신은 "순교자도 아니고 최선이 뭔지도 모르지만 딸을 위한 최선이 뭔지 본능적으로 알기 때문에" 양육권을 포기하고 정기적으로 딸을 만날 수 있는 권리로 결코 자신의 정체성을 부정하면서는 살 수는 없다고 선언합니다. 그리고 이혼 후 가구점 바이어로 취직하고 테레즈에게 자신의 아파트에서 동거하기를 제안합니다.

테레즈는 남자 친구의 청혼을 거부하면서 남들이 다 바라는 프로포즈가 왜 싫은지를 탐색해 갑니다. 남자 친구는 테레즈를 위해 직장도 구하고, 프랑스 여행도 예약하고, 청혼까지 하지만 그녀는 그 사실이 매력적이거나 전혀 반갑지 않습니다. 오히려 연상의 부유한 여성 캐롤과의 여행에 더 매료됩니다.

그러나 테레즈는 캐롤의 남편 하지가 양육권 분쟁에 이용하려고 붙인 탐정의 계략으로 함정에 빠지고, 여행 중 캐롤과 헤어지며 뼈를 깎는 실연의 고통을 겪어야 했습니다. 상처가 너무 깊어 회복조차 불가능해 보였습니다. 그녀는 애정을 담아 찍었던 캐롤의 사진들이 계기가 되어 신문사의 사진기자로 취직합니다. 대도시에서 정규직을 일자리를 얻으면서 한층 당당하고 아름다운 주체적 인물로 성장해 갑니다.

캐롤과 테레즈는 가부장적 이성애 가족에 만족하지 못하고 새로운 사랑을 시도한 연인들입니다. 처음 만날 때

캐롤은 레즈비언 경험이 있는 부유층 가정주부였고, 테레즈는 이성애만 경험한 서민층 비정규직 노동자였으므로 둘은 차이가 있어 보였습니다. 그러나 패션과 스타일, 욕망의 시선 그리고 직업적 가치관에 있어 서로 다른 차이에도 불구하고 사랑에 빠지게 됩니다. 그러던 중에 실연의 상처를 겪고 다시 재회하면서 서로의 차이를 좁혀 갑니다.

그들이 헤어질 때 관계의 주도권은 캐롤에게 있었지만, 그들이 재회할 때 선택권은 전적으로 연인 테레즈에게 주어집니다. 테레즈는 리츠타워 호텔 바에서 함께 살자는 캐롤의 제안을 거절했지만 마음이 바뀌면 밤늦게 오크룸으로 오라는 말에 흔들립니다.

수직적 관계에서
수평적인 관계로

영화의 첫 장면과 마지막 장면은 스토리 시간*의 마지막에 해당하며, 두 시선의 교차 처리는 스타일과 가치관 그리고 섹슈얼리티의 확신에서 확연한 차이가 나던 두 여성이 하나로 부드럽게 동화되는 것을 보여 줍니다. 영화가 치밀하게 계산한 시선의 교차와 맞물려 한층 더 결정적 의미를 부각시킬 때, 테레즈의 시선은 캐롤의 시선으로 바뀌고 아름다운 욕망의 대상은 캐롤에서 테레즈로 변화합니다.

즉 영화 초반에는 택시 안에서 캐롤을 바라보는 테레즈가 있지만, 후반에는 택시 안에서 변화된 테레즈를 바라보는 캐롤이 있는 것입니다. 캐롤은 테레즈를 재평가하고 아름다운 욕망의 대상은 테레즈가 되면서 두 사람 사이의 수직적이던 관계는 수평적인 관계로 변합니다.**

- 서사적 시간에는 스토리 시간과 담론 시간이 있습니다. 스토리 시간은 연대기적 시간 순서의 흐름을 말하고, 담론 시간은 영화상의 이야기 전개 순서에 해당하는 시간을 말합니다.

** 김혜리는 이 영화가 로드무비와 멜로드라마 양상을 갖고 있다고 분석했습니다. 총과 도청기가 등장하며 관습이나 규범이 덜한 서부로의 자동차 여행은 로드무비의 성격을, 사랑의 대상을 권력을 가진 강자로 재현하는 것은 고전 멜로드라마의 문법을 담고 있다는 것입니다. 《나를 바라보는 당신을 바라보았다》, 〈나를 바라보는 당신을 나도 봤다, 캐롤〉, 김혜리, 어크로스, 2017.

영화 초반부에 캐롤을 초점화하던 시선이 후반에는 테레즈를 초점화하면서 캐롤과 테레즈가 균형을 이룹니다. 수직적 관계가 수평적으로 변화한다고도 할 수 있습니다. 캐롤은 처음부터 자신의 욕망을 알고 있지만 딸의 양육권을 위해 규범과 타협한 여성인 반면, 테레즈는 새로운 길로 떠나는 여행을 통해 미지의 새로운 정체성과 섹슈얼리티를 발견하는 여성이라고 할 수 있습니다. 캐롤은 딸의 양육권을 잃었지만 연인을 되찾았고, 테레즈는 시련당한 약자였지만 주체적인 결정권자로 변모합니다.

여성적인 스타일과 패션 면에서 또 레즈비언 욕망 면에서 캐롤은 테레즈를 압도하는 것 같습니다. 그러나 테레즈는 욕망을 깨닫고 자신의 주체성을 확립하면서 성장하고 그에 따라 성숙해집니다. 그리고 기존의 이상적 여성상에 저항하고 직업 세계를 통해 독립성을 추구한다는 점에서는 캐롤과 테레즈 둘 다 변화하고 성장합니다.

둘은 사랑의 관계를 통해 서로를 변화시킨 것입니다. 양성애 성향이었던 캐롤은 아이를 포기하는 대신 동성애를 택하고, 이성애자였던 테레즈는 결혼을 포기하고 사랑의 실연도 점차 극복해 나갑니다. 성애 경향이 무엇이든, 어떤 섹슈얼리티이든지 간에 진정한 사랑은 한쪽이 다른 한쪽을 일방적으로 지배하는 권력관계가 아닐 때 비로소 가능하기 때문입니다.

클로징

지금까지 〈빌리 엘리어트〉, 〈대니쉬 걸〉, 〈캐롤〉을 분석했습니다. 이 영화는 각각 경계 위의 젠더/섹스/섹슈얼리티를 보여 준다는 점에서 흥미로운 영화입니다. 빌리는 권투 대신 발레를 선택해 젠더 규범에 도전하고, 에이나르는 릴리가 되기 위해서 실험적인 수술에 몸을 던집니다. 캐롤은 가부장적 이성애 가족 안에서 안정된 부유층 주부로 살면서 딸까지 낳았지만, 이혼을 선택하고 딸에 대한 양육권을 포기하면서까지 자신의 동성애 욕망을 포기하지 않습니다.

빌리와 릴리 그리고 캐롤은 각각 경계 위의 젠더/섹스/섹슈얼리티를 보여 주는 인물들이라고 할 수 있습니다. 그러나 이들의 크로스 양상을 딱 하나로 잘라 말하기는 어렵습니다. 빌리에게는 친한 게이 친구가 있고, 릴리는 몸, 심리, 성애 영역 모두에서 변화를 겪습니다. 캐롤은 양성애 경향도 있고 제도에 맞서기 힘들 때는 규범과 타협하는 면도 있습니다. 그러나 분명한 것은 이 세 인물이 젠더/섹스/섹슈얼리티 영역의 규범과 관습에 도전한다는 사실일 것입니다.

그리고 이들은 모두 어느 정도 자신이 추구한 비규범적 가치를 통해 성장하고, 고통이나 상실을 겪어 내면서 소정의 성과를 얻어 냅니다. 빌리는 런던 국립발레단의 주연급 발레리노로 우뚝 서고, 릴리는 자신이 원하는 몸의 변화를 극단까지 추구하며 역사상 최초의 성전환자로 기록되고, 캐롤은 자신의 정체성을 부인하지 않고 욕망을 인정하면서 사랑하는 연인과 미래를 꿈꿉니다.

이들이 경계선을 넘거나 위반하는 젠더/섹스/섹슈얼

리티를 보여 준다면, '경계선 위에서 생각한다'는 것의 비평적 의미도 되새겨 줄 수 있습니다. 우리가 너무나 당연하다고 받아들였던 것. 그 이분법의 경계 위에서 생각해 보면 사실 당연하거나 자연스럽다고 여겼던 것들은 본래 그런 것이 아니라는 것을 알게 됩니다. 사실은 규범이 반복 학습되고 재생산되어 내면화된 효과이자 결과에 불과한 것이지요.

그래서 경계선 위에서 생각한다는 것은 매우 중요합니다. 경계선 위에서 생각해 보면 당연하거나 자연스러운 것이 어떤 반복된 의미화 효과를 통해 수행적으로 생산되거나 재생산되는지 알 수 있기 때문입니다.

경계선 위에서 생각하면 두 개만을 고집하는 사고방식은 인식과 존재에 폭력을 남기고 인간다운 삶의 가능성까지 좌우한다는 것을 알 수 있습니다. 그래서 우리에게는 이분법을 넘어서는 사고방식이 필요합니다. 모르는 대상을 파악하기 위해 인식론적 이분법은 필요할 수 있습니다. 그러나 모든 것을 이원적 사고로 환원하고 거기에 안 맞는 것을 억압하거나 탄압해서 억지로 둘 중 하나에 우겨 넣는다면 존엄한 인권을 가진 개인의 삶을 망가뜨릴 수 있습니다. 두 개를 넘어서는 사고가 필요한 이유가 바로 이 때문입니다. 중요한 것은 섹스/젠더/섹슈얼리티의 이분법이 아니라 여기 지금 숨 쉬며 살고 있는 사람의 행복하고 윤택한 삶이니까요.

후기

공포와 혐오를
넘어서는 법

M. 나이트 사말란M. Night Shyamalan, 1970~ 감독의 〈애
프터 어스After Earth〉(2013)는 3072년 미래 세계를 배경으로
합니다. 기술이 진보하고 문명이 발전했지만 지구는 인간
을 죽이기 위한 방식으로 진화했고, 우주 괴물 얼사는 인
간을 위협하는 가장 큰 적입니다. 인간이 괴물과 싸워 이
길 방법은 공포심을 극복하고 고스트가 되는 길뿐입니다.
괴물 얼사는 눈이 없어 앞을 볼 수 없지만 사냥감이 공포
를 느낄 때 발산하는 페로몬 냄새로 인간을 추적하기 때

문입니다. 괴물은 공포심 없는 인간은 볼 수가 없습니다. 우주 전사 사이퍼는 아들 키타이에게 말합니다. "위험은 현실이다. 그러나 공포는 선택이다." 공포는 상상력의 산물입니다. 다시 말해 죽음의 공포는 지금 당장이 아닌 미래에 올 어떤 결과에 대한 것이라는 말이지요.

지금 상황은 위험할 뿐이지만, 다가올 죽음의 공포는 인간을 마비시킵니다. 이런 공포를 극복하는 인간은 영웅이라 불리지요. 그런데 죽음의 공포가 아닌 가난의 공포도 인간을 마비시킵니다. 현재를 열심히 사는 사람들에게 내일은 가난할 것이고, 모레는 비참할 것이니 더 많은 부와 권력을 챙겨 두라고 상품 광고와 기업 홍보는 계속해서 우리에게 말합니다. 텔레비전, 라디오, 인터넷 방송, 소셜 미디어까지 광고와 홍보로 넘쳐 나니 모든 사람이 미래의 불안함에 떨게 됩니다. 불안은 공포가 되고 공포를 견딜 수 없을 때 우리는 공포를 분노나 혐오로 표출하지요.

우리 사회를 흔히 혐오 사회라고 말합니다. 여성 혐오, 남성 혐오, 나이 혐오, 가난 혐오는 타자에 대한 우리의 거부감을 표현합니다. 나는 너와 다르다. 나는 너보다고귀하다는 위계 의식이 이런 감정을 촉발합니다. 김종갑 교수는 혐오는 타자에 대한 거부감이며, 혐오는 '싫다'라는 심미적 반응이지만, 증오는 '밉다'라는 윤리적 반응이라고 주장합니다.

일반적으로 혐오는 구토나 소름 같은 즉발적인 몸의 반응이고, 증오는 도덕적 판단 후의 부도덕한 것에 대한 분노의 감정이라고 생각됩니다. 그러나 혐오와 증오는 둘 다 후천적으로 구성되는 감정이라고 할 수 있습니다. 혐오는 강자가 약자에게, 증오는 약자가 강자에게 가지는 부정적 감정인 것이지요. 강자는 약자를 혐오하고, 약자는 강자를 증오합니다. 로열패밀리는 사회 최약층을 혐오하지만, 사회 최약층은 로열패밀리를 증오하는 것과 같습니다.

그렇다면 공포와 분노의 감정은 어떤 것일까요? 공포나 분노는 즉발적인 몸의 반응이기보다는 사회 문화적 규범의 내면화가 오랫동안 쌓인 결과이자 효과라고 할 수 있습니다. 다시 말해서 당신의 미래는 불안하니 지금 돈을 많이 벌어 투자하고 쌓아 두고 사 두라는 매체의 반복

된 권유가 불안을 만들고, 이러한 불안이 오랫동안 쌓이면 공포가 되고, 이 공포를 이길 수 없을 때 어떤 외부 대상을 찾아 분노하고, 그 분노가 사회적 폭력을 만들게 된다는 것입니다. 내일 가난할지 모른다는 불안은 공포가 되고 공포는 분노, 혐오 혹은 증오로 폭발하게 됩니다. 우리 사회가 계속해서 공포를 자극한다면 폭력이 난무할 수밖에 없습니다.

권력관계를 중심으로 보면 혐오나 경멸은 강자의 감정이지만, 시기나 증오는 약자의 감정입니다. 또한 분노는 강자의 감정이지만 공포는 약자의 감정이라고 볼 수 있습니다. 많은 남성 성장소설에서, 미성숙한 소년의 공포는 부도덕하고 비윤리적인 여성에 대한 분노로 극복됩니다. 미국 소설가 어니스트 헤밍웨이Ernest Miller Hemingway, 1899~1961의 단편 소설 〈프랜시스 매코머의 짧고 행복한 생애The Short Happy Life of Francis Macomber〉를 보면 30대 주인공 남자 매코머가 아프리카로 사자 사냥을 갑니다. 그는 아내와 동반한 이 여행에 비싼 비용을 지불했지만 사자의 포효 소리 때문에 공포에 떨다가 그만 사자 면전에서 줄

행랑처 버려 재미도 망치고 겁쟁이로 찍혀 놀림감이 됩니다. 이런 매코머가 갑자기 면전에서 사자를 쏘아 죽일 용기를 얻게 되는 까닭은 용맹한 직업 사냥꾼과 바람난 아내에 대한 분노 때문이었습니다. 도덕적 정당성이 불확실한 약자는 공포에 떨지만, 도덕적 정당성이 확실한 강자는 분노로 응징할 힘을 얻게 되는 것이지요.

이제 권력관계의 입장에서 봤을 때 강자의 강점은 분노이고, 약자의 감정은 공포라고 할 수 있습니다. 2013년 영화 〈에프터 어스〉의 강인한 전사 고스트도 공포를 이겨 냈지만, 기원전 5세기 그리스 비극 《안티고네 *Antigone*》의 여주인공 안티고네도 공포를 이겨 냅니다. 이들은 자신의 정체성이나 행위의 정당성이라는 도덕적 근거를 확보한 다음에 공포를 다른 부당하고 비도덕적 대상에게 투사합니다. 그리고 그 부도덕하고 비도덕적인 대상에 대한 분노로 공포를 극복합니다. 분노는 강자가, 공포는 약자가 느끼는 감정이라는 것이지요.

우리 사회가 공포를 극복하는 방법은 이 공포의 원인이 정당한가에 대한 도덕적 평가일 것입니다. 사실 우리는 지금 그리 가난하지 않습니다. 대한민국은 일인당 GNP 2만 7천 달러를 넘었고, OECD 회원국이며, 먹고 입고 자는 생활 환경이 30년 전 부모 세대와는 비교할 수 없을 정도로 풍족해졌습니다. 그러나 마음은 더 가난해진 것 같습니다. 상업 매체는 불안과 결핍을 자극해야 소비를 유도할 수 있습니다. 그래서 끊임없이 당신은 이런저런 것이 부족한 사람이며 미리 대비하지 않으면 미래가 불행할 것이라고 반복 주입합니다. 게다가 이미 대중화된 SNS는 가장 젊고 아름답고 호화롭고 행복한 모습을 시각적으로 보여 줌으로써 사람들이 서로 경쟁하도록 부추깁니다. 누군가 완벽하게 행복해 보인다면 그를 선망해 시기하기도 합니다. 상대적으로 나는 부족하고 덜 가져 덜 행복하다고 비교 평가하게 되기 때문이지요.

공포는 혐오나 분노를 가져올 수 있습니다. 그러나 나보다 약한 자에 대한 경멸과 차별의 의미를 가진 혐오가 아니라 정당한 도덕적 평가에 다른 부당함과 비도덕에 분노를 돌린다면 오히려 긍정적인 결과를 가져올 수 있습니다. 내가 우월하기 때문에 상대를 경멸하고 혐오하는 것이 아니라 공공질서를 회복하고 공중도덕을 복원해 불의와 부도덕에 함께 맞서 싸운다면 오히려 긍정적 사회 변화에 기여할 수 있습니다. 혐오는 쉬운 방책이지만 좋은 해법이 아닙니다. 나만 너보다 우월하면 그만이라는 개인적 안위에 그치기 때문입니다. 그러나 도덕적 숙고를 통한 정당한 분노는 사회 개선에 도움이 될 수 있습니다.

우리는 지금까지 젠더 이론과 역사 및 영화 속에 나타난 젠더 양상을 살펴보았습니다. 다수가 어떤 삶을 규범적이라고 정하고 따른다고 해서 그 삶을 따르거나 택하지 않는 소수를 박해하거나 핍박해서는 안 될 것입니다. 지금은 차이를 이해하고 소통할 때입니다. 내가 보편적이고 다수의 삶의 방식을 따른다고 해서 반드시 그것만이 옳고 그것만이 정당하다고 주장할 수는 없습니다. 세상에는 다양한 몸과 정신과 성향을 지닌 사람들이 살고 있고, 그들이 다수의 보편성과 규범을 따르지 않는다고 해서 권리를 박탈하고 차별한다면 그것은 인간다운 대응이 아니기 때문입니다.

우리는 지금 21세기 다양성, 다문화, 세계 문화의 글

로벌 시대에 살고 있습니다. 다수가 보편이라고 주장하는 이념은 사실상 17세기 서유럽에서 발생한 근대적 사고의 소산입니다. 서유럽 근대사상은 18세기 산업혁명을 통해 융성했으나 공장제 대규모 기계 생산을 통한 과잉생산물을 소비할 시장이 필요했습니다. 그것은 교역과 확대와 선교 사업이라는 명목으로 동양으로 왔고 19세기 동아시아와 아프리카, 그리고 남아메리카는 근대화라는 이름으로 물적이고 인적인 여러 착취와 불공정 거래를 겪어야 했습니다. 자본주의는 더욱 확장되었고 이성애적 섹슈얼리티는 소비를 확대할 수단으로 광고에 활용되었습니다. 모든 매체가 서구화된 매력적 여성의 관능미를 신비화하고 이성애를 보편적 욕망의 코드로 삼습니다.

그러나 다시 생각해 보면 왜 꼭 둘이어야 하는지 질문하지 않을 수 없습니다. 남자나 여자에 맞지 않는 사람도 있고, 남성성과 여성성 사이에서 갈등하는 사람도 있으며, 이성애와 동성애의 경계에 있거나 그 둘을 오가는 사람도 있습니다. 경계 위에 있거나 경계를 오가는 사람은 소극적으로는 치유되어야 하는 환자로, 적극적으로는 잠재적 범

법의 가능성이 있는 범죄자로 취급됩니다. 그래서 교정이나 처벌의 대상이 됩니다.

교정이나 처벌이 없이 있는 그대로 차이를 받아들이기는 힘든 것일까요? 아무리 소수라고 해도 나와 다른 몸, 나와 다른 심리, 나와 다른 성애 경향을 가진 사람을 있는 그대로 받아들이고 차별 없는 삶을 누릴 권리를 주기는 어려운 것일까요? 어렵지 않습니다. 생각을 조금만 바꾼다면 얼마든지 가능합니다. 그 작은 시작은 바로 왜 꼭 둘이어야 하는가 하는 질문에서 비롯됩니다.

세계의 인구가 70억이 넘는데 왜 꼭 둘 중 하나로 수렴되어야 할까요? 70억 중에는 분명 두 개의 범주에 들어가지 않는 사람들이 있을 것이고 그 인구가 아무리 적다고 해도 그 또한 사람이므로 인간답게 인간의 삶을 누릴 권리가 있습니다. 다수의 이름으로 그들을 장애인이나 범죄자로 만들 권리는 그 누구에게도 없습니다. 그들을 혐오하고 그들에게 분노할 권리도 없습니다.

우리는 다시 한번 처음에 제기한 문제로 되돌아왔습니다. "왜 꼭 둘이어야 하는가"라는 질문입니다. 범주화는 내 앞에 알 수 없는 타자를 안심할 수 있는 편하고 유순한 대상으로 만듭니다. 그뿐만이 아닙니다. 범주화에 수반되는 유형화에는 필연적으로 위계가 따르고, 이 위계화는 비규범적인 삶을 사는 사람들에게는 언제나 난관이 됩니다. 비규범적인 삶은 규범적 삶에 트러블이자 위협으로 인식됩니다. 차이는 차별이 되고, 차별이 심해지면 비규범적 삶의 생존권은 위협받게 되지요.

모두 함께 어우러져 사는 평화로운 미래는 차이의 다양성을 인정하는 데에서 시작됩니다. 얼핏 보면 거창해 보이는 말입니다. 그러나 사실 나와 다른 타인을 있는 그대로 수용한다면 언제든 가능한 일입니다. 타인을 내 기준으로 이분법의 틀에 맞추고 안 맞는 것을 수정해 다시 끼워 맞추는 것이 아니라 안 맞는 건 안 맞는 채로 그냥 두자는 것이지요. 그게 위협이 아니라고 생각하면 굳이 교정할 필요도 처벌할 필요도 없으니까요.

이제 반드시 둘이어야 한다는 생각은 재고되어야 합니다. 70억 인구는 정확히 둘로 구분될 수 없으며 구분될 필요도 없는 것입니다. 이분법은 인식의 기준으로 삼을 수는 있어도 차별의 근거가 될 수는 없습니다. 이분법을 넘어서는 경계선 위나 크로스와 트랜스의 영역을 인정할 필요가 있습니다. 그 순간, 우리 삶은 좀 더 확장되고 자유로워집니다. 그것이 공포와 혐오와 분노 없이 서로 이해하고 공감하고 소통할 수 있는 미래로 나아가는 길입니다

쉽게 읽는 젠더 이야기

초판 1쇄 발행 2018년 10월 31일

지은이   조현준

펴낸곳   (주)행성비
펴낸이   임태주

책임편집   박강민
디자인   이유나

출판등록번호   제313-2010-208호
주소   서울시 마포구 토정로 222 한국출판콘텐츠센터 318호
대표전화   02-326-5913
팩스   02-326-5917
이메일   hangseongb@naver.com
홈페이지   www.planetb.co.kr

ISBN 979-11-87525-84-4 03330

행성B는 독자 여러분의 참신한 기획 아이디어와 독창적인 원고를 기다리고 있습니다.
hangseongb@naver.com으로 보내 주시면 소중하게 검토하겠습니다.

※ 이 도서는 한국출판문화산업진흥원의 출판콘텐츠 창작 자금 지원 사업의 일환으로
   국민체육진흥기금을 지원받아 제작되었습니다.